LES
OUVRIERS,

ROMAN DE MŒURS ;

PAR RABAN.

TOME TROISIÈME.

PARIS,

LECOINTE, quai des Augustins, 49 ;
CORBET, quai des Augustins, 61 ;
PIGOREAU, place S.-G.-l'Auxerrois.

1835.

LES

OUVRIERS.

De l'Imprimerie de A. HENRY,
rue Gît-le-Cœur, n° 8.

LES
OUVRIERS,

ROMAN DE MŒURS;

PAR RABAN.

TOME TROISIÈME.

PARIS,
LECOINTE, quai des Augustins, 49;
CORBET, quai des Augustins, 61;
PIGOREAU, place S.-G.-l'Auxerrois, 20.

1835.

Le marquis de la Lezardière et les gendarmes. — A l'eau, le mouchard ! — L'honorable M. Mandrin. — Les barricades et la *Dame blanche.*

—

A huit heures du matin, Oscar arriva dans le jardin du Palais-Royal, où l'attendait le cousin Georges.

Déjà des groupes nombreux s'étaient formés; on lisait les journaux indépendans qui avaient paru malgré l'ordonnance, et l'on regardait avec dégoût les feuilles vénales qui avaient demandé et obtenu l'autorisation de paraître. Les deux cousins s'approchèrent d'un groupe, au milieu duquel s'agitait un homme coiffé à l'oiseau royal et qu'ils venaient d'entendre appeler le marquis de la Lezardière.

— Je l'avais bien dit, s'écriait ce personnage en gesticulant : le roi ne rendra pas son épée!... Messieurs, vive le roi!..... Plus de chambres! plus de journaux libér..ux!... Vive le droit divin, et monseigneur de Polignac!

UN AUTRE VOLTIGEUR.

Bravo!... A bas le comité directeur !

UN ÉPICIER.

Le comité directeur... Qu'est-ce que c'est que ça ?

UN APOTHICAIRE.

Fameuse question!... Il paraît que Monsieur n'est pas fort sur l'histoire naturelle?... Le comité directeur, mon cher ami, est un individu du règne animal, qui fait des journaux libéraux.

SECOND VOLTIGEUR.

Et qui se nourrit de chair humaine.

LE MARQUIS DE LA LEZARDIÈRE.

C'est un scélérat de révolutionnaire, auquel j'ai failli vingt fois passer mon épée au travers du corps.

LE COUSIN GEORGES.

Prenez donc garde, mon ancien; faut pas vous échauffer comme ça!..

Dieu de Dieu! a-t-il l'air crâne le particulier.

LE MARQUIS DE LA LEZARDIÈRE.

Insolent! si je ne me retenais!... Heureusement j'aperçois les gendarmes... Brigadier, à moi!...

UN GENDARME.

Allons, canaille! rangez-vous!....

LE COUSIN GEORGES.

A qui en a-t-il donc cet animal-là!... A bas les gendarmes!...

OSCAR.

A bas Polignac!.. Vive la Charte!..

Les gendarmes croisent la baïonnette, et tentent de dissiper les rassemblemens; mais ceux-ci deviennent à chaque instant plus nombreux, et le brigadier envoie chercher du renfort. Pendant ce tems, une foule nombreuse se presse autour d'un jeune homme qui, monté sur une chaise, lit à haute voix les ordonnances de la veille. On l'entend prononcer ces mots.

» Le sieur Delavau est nommé conseiller d'état... »

UNE FEMME PUBLIQUE.

Pauvre cher homme! il ne l'a

pas volé!... Au moins lui, il ne persécutait pas les pauvres femmes qu'à l'malheur de faire honnêtement leur pauvre état!...

UN MOUCHARD.

Digne homme! il a toujours protégé le trône et l'autel!...

OSCAR.

C'est un misérable, qui a fait enchaîner Magalon avec des galériens!..

M. DURAND, *bonnetier*.

Un scélérat, qui nous a fait fusiller dans la rue Saint-Denis !. . . . . moi, qui vous parle, j'ai reçu trois balles dans une douzaine de faux mollets, et cinq dans une grosse de bonnets de coton. .. Oui, Messieurs, je suis une victime du passage du Grand-Cerf !. . .

LE MOUCHARD.

Quel numéro, s'il vous plaît ?. . .

LE COUSIN GEORGES.

Misérable ! qu'en veux-tu faire du numéro ?...

Aussitôt on entend crier de toutes parts :

— C'est un mouchard ! . . . A bas le mouchard !.... A l'eau ! à l'eau !... En un instant l'espion est entouré, culbuté. Georges le saisit par les pieds ; Oscar le prend par la tête, et ils le jettent dans le bassin, d'où il sort mouillé jusqu'aux os et couvert de huées. Le groupe se reforme, le lecteur remonte sur sa chaise, et l'on entend :

» Sont nommés conseillers d'état, les sieurs Syrieys de Mayrinhac......

OSCAR.

Section des cuirs!

LA FOULE.

Bravo ! bravo ! . . .

LE LECTEUR, *continuant.*

» Castelbajac, de Cursay, baron Dudon... »

LE COUSIN GEORGES.

Mon ami, vous oubliez l'honorable M. Mandrin.

LA FOULE.

Bravo! bravo!

OSCAR, *monté sur une chaise.*

Messieurs, la résistance est maintenant un devoir!...... C'est au nom de la loi que tous les bons Français refuseront d'obéir !.... Si les misérables qui ont signé ces infâmes ordonnances osent avoir recours à la force, c'est par la force que nous les repousserons...... Les écrivains constitutionnels nous donnent un noble exemple : leurs journaux ont paru ce matin malgré les commissaires et la force armée... Vive la Charte ! vive la liberté !...

Ces cris sont répétés par des milliers de voix, et l'exaspération de la foule augmente à chaque instant. Cependant un grand nombre de gendarmes s'avancent au pas de charge ; ils sont d'abord assaillis par une grêle de pierres; mais grâce à leur nombre, et au défaut d'armes du peuple, ils parviennent à faire évacuer le jardin; dont les grilles sont aussitôt fermées. La foule, en se retirant, se porte dans les rues voisines; les groupes se reforment, quelques jeunes gens portent ostensiblement des pistolets à leur ceinture; de toutes parts arrivent des ouvriers armés de bâtons. Georges reconnaît ses amis, ses camarades; il se met à leur tête, les organise, les engage à ne pas s'effrayer, et à tenir ferme quelque chose qui arrive. Bientôt on entend le tambour, et l'on voit au loin briller les baïonnettes.

— Mes amis, s'écria Georges, voici la garde royale!. . . Il s'agit de se montrer!. .. Nous verrons s'ils auront le toupet de tirer sur le peuple... Vive la Charte!

Et de toutes parts on répète: Vive la Charte!... à bas les ministres!..... vive la liberté!....

Quelques instans après, on entend le pas des chevaux qui avancent au galop, le cliquetis des sabres et les cris des blessés.

— Ce sont les gendarmes qui chargent, dit Georges. . . Que ceux qui ont des armes restent ici avec moi. Vous autres, embusquez-vous dans les allées, et, quand ils seront passés, tombez dessus... Vive la liberté de la presse!...

— Sabrez! sabrez cette canaille! crie un officier de gendarmes.

— A toi! misérable, dit Oscar en l'ajustant. Et d'un coup de pistolet il lui casse la tête.

En ce moment, toutes les fenêtres s'ouvrent; des pavés, des tuiles, des bûches, des meubles sont lancés sur les gendarmes. Plusieurs tombent; le peuple se précipite sur eux, et s'empare de leurs armes en criant:

Vengeance! vengeance! mort aux assassins!... Les tambours de la garde royale battent la charge, et un grand nombre d'ouvriers travaillent à élever des barricades.

— Eh! les amis s'écrie un maçon, par ici, par ici!... V'là une voiture de moellons qui servira à les démolir... Bon! c'est ça...... mettons-en dans nos poches, dans nos chapeaux.... Tiens, Martin, tends ta blouse, al servira de caisson pour les monitions.... A présent, faut abattre c'téchafaudage... Hardi!.... gare la tête!.... Ça n's'ra pas comme dans le rue Saint-Denis, c'te fois-ci; j'avons l'bourgeois pour nous, et les bons enfans d'l'École droite qu'a du cœur.....

UN COCHER DE DAME BLANCHE.

Gare! gare!

UN CHARPENTIER.

Cré coquin! y a pas assez de planches... aide-moi donc, Jean-Louis.

JEAN LOUIS.

Y a pas tant d'façons, faut mettre la *Dame blanche* cul par dessus tête.

LE MAÇON.

C'est ça! il a raison lui!... allons, à bas, cocher d'malheur..... Descendez, vous autres... Eh ben! papa, avez vous pas peur de vous noyer dans le ruisseau?..... ma petite mère, sans vous commander, c'est pas la valissance de six sous qui peut vous empêcher..... Filez vot' nœud mon enfant... Allons, les amis, un coup de main... Toi, cocher, t'auras ta voiture quand la paix s'ra faite.

Cinquante bras vigoureux réunissent leurs efforts, la voiture est renversée, et la barricade occupe toute la largeur de la rue. Cependant la garde royale fait un feu terrible. Les balles sifflent; les briques, le, moellons pleuvent sur les soldats ; un grand nombre de citoyens armés de fusil de chasse, se placent en tirailleurs à leurs fenêtres ; et éclaircissent les rangs de la garde royale. Les deux cousins sont toujours au premier rang ; Oscar ne quitte pas ses pistolets, et c'est presque toujours à bout portant qu'il fait feu. Au plus fort du combat un soldat blessé vient tomber près de lui.

— Mes amis, dit-il, je suis Français comme vous... Prenez mes armes.

— Pas de quartier pour les assassins, s'écrie un ouvrier.

— Malheureux! c'est un homme sans défense, dit Oscar; voulez-vous vous déshonorer ?. . . .

— Les scélérats! ils ont tué mon frère!. . . Tu n'en feras pas d'autres!. . .

En parlant ainsi, il lève le bras pour le frapper, et tombe lui-même percé d'une balle. Après un combat opiniâtre, la barricade est franchie par la troupe; le peuple forcé de se retirer, se rallie dans les rues voisines.

— Mes amis, dit Georges, à la troupe qu'il commande, la nuit vient, et plus elle sera sombre, moins l'ennemi sera à craindre; répandons-nous dans toutes les rues, et cassons les réverbères...

— Mais, capitaine, répondit un ouvrier, ça sera bien de l'ouvrage, il faudra grimper et alors...

— Est-il bon enfant! reprit un apprenti. Avec une lame de canif au bout d'un bâton, j'suis capable d'faire la moitié d'l'ouvrage à moi tout seul... Oh! c'te chance pour les vitriers!...

La foule se disperse, des groupes se répandent de tous côtés, et, en quelques heures, tous les réverbères de Paris sont détruits. Oscar et le cousin Georges se séparent en se donnant rendez-vous pour le lendemain. Le jeune de Masseville s'empresse de se rendre près d'Henriette.

— Ah ! vous voilà, Monsieur, dit la jeune fille ; vous êtes, en vérité, bien aimable !... Je vous ai attendu jusqu'à six heures pour dîner.

— J'en suis bien fâché, ma bonne amie, mais il n'a pas dépendu de moi de revenir plus tôt.

— Mon Dieu ! Oscar, comme tu

es fait!... qui a pu te mettre en cet état?.....

En effet, les vêtemens du pauvre garçon étaient dans un désordre effroyable; son habit était en lambeaux; un fragment de son chapeau coupé d'un coup de sabre, lui tombait sur l'épaule, et son visage noirci par la poudre était méconnaissable.

— Je vois ce que c'est, reprit Henriette; il y a eu du bruit dans la rue Saint-Honoré; une voisine m'a dit qu'on avait tiré des coups de fusil, que les gendarmes...... Oscar, ne mentez pas! vous vous êtes battu?......

— Eh bien ! oui, ma chère Henriette, je me suis battu pour la liberté, et demain encore je serai prêt à mourir pour elle !

— Et moi, je veux que vous restiez ici... Tiens, Oscar, c'est des bêtises... C'est sans doute le cousin Georges qui te met ces idées-là dans la tête... Ah ! si j'en étais sûre ! je ne pourrais plus le souffrir... N'est-ce pas que tu ne sortiras pas demain ?

— Je ne puis pas promettre cela.

Henriette insista ; fit la mine, pleura ; mais tout fut inutile ; Oscar ne promit rien. Accablé de fatigue, il se coucha et s'endormit promptement. La pauvre Henriette n'avait jamais passé une nuit aussi triste.

II.

La réglette de longueur et les cadratins. — Ce que c'est qu'une Charte. — La bataille. — La forme en pâte. — Le bivouac.

Le jour commençait à poindre, quand Oscar se leva; Henriette qui n'avait pas dormi un seul instant, quitta le lit presque aussitôt. Le jeune homme s'attendait à de nouvelles larmes, à de nouvelles prières de ne pas sortir ; mais sa résolution était inébranlable. Toutefois ce qu'il avait prévu n'arriva point ; à la vérité, quelques larmes se firent jour à travers les longs cils de la pauvre petite, lorsque Oscar eût fini de s'habiller, mais elle ne fit aucun effort pour le retenir.

— Mon ami, lui dit-elle, en l'embrassant, lorsqu'il fut prêt à partir, si tu ne reviens pas ce soir, demain je mourrai.

Le jeune de Masseville essuya

doucement les beaux yeux de sa gentille amie.

— Je reviendrai, Henriette, lui dit Oscar, je l'espère, je le crois. Notre cause est belle, nous triompherons : cette journée va décider du sort de la France. Demain nous serons affranchis d'un joug odieux, nous serons libres.

Ici le visage du jeune homme s'anima, on eût dit que ses yeux lançaient des éclairs. Henriette ne comprenait guère qu'on fût obligé d'aller se battre pour être libre. Qu'Oscar l'aimât toujours, qu'il la conduisît au bal le dimanche, et au spectacle de tems en tems, elle ne concevait pas de bonheur plus grand ; et il lui semblait qu'on était toujours assez libre, tant que l'on pouvait s'aimer, se le dire et se le prouver sans que personne eût le droit d'y mettre empêchement. L'amour est le plus intéressant de la vie d'une femme; dans le cœur d'un homme qui mérite ce nom, la première place est pour la gloire.

Oscar reçut et donna un dernier baiser, puis il partit laissant la jeune fille en proie aux plus vives alarmes, un quart d'heure après, il avait rejoint Georges et tous ses camarades, dont la plupart s'étaient procuré des fusils. Georges en avait deux.

— Cousin, dit-il à Oscar, j'ai pensé à vous, voici une *réglette* de longueur, qui vous mettra à même de soigner votre *justification*. Prenez ce paquet de poudre, et en attendant que nous ayons des balles, voici une cinquantaine de cadratins que vous enverrez aux récalcitrans si nous en trouvons. Maintenant, en route, battons le fer pendant qu'il est chaud.

La petite troupe, commandée par Georges, se dirigea vers le Palais-Royal, arrachant partout les insignes de la royauté. Cette troupe en marchant, se recruta d'un certain nombre d'ouvriers de tout genre, elle était presque doublée lorsqu'elle arriva dans la rue Vivienne.

— Vive la Charte ! vive la liberté ! cria Georges en arrivant sur la place de la Bourse.

UN OUVRIER.

Plus de royauté ! Plus de roi !..... qu'il aille dire la messe à Gand pour purger sa conscience !. . .

DEUXIÈME OUVRIER.

A bas les fleurs de lys !.... qu'est-ce que c'est que ça?..... *Débit de tabac...... manufactures royales.....* à bas! à bas!.... Ah! tu ne veux pas ôter ton enseigne..... Des pierres! des pierres?....

Aussitôt une grêle de pierres fait voler en éclats les vitres du marchand; de toutes parts les insignes de la royauté sont jetés sur le pavé et foulés aux pieds, puis on en fait des monceaux auxquels on met le feu.

— Mes amis, dit Oscar, pas d'excès; respect aux propriétés.

UN MAÇON.

C'est juste, mon capitaine; mais,

voyez-vous, le peuple n'aime pas les punaises..... A bas les fleurs de lys!.... Toi, Martin, monte la garde et attise le feu.... Ça leur z'y apprendra à vouloir éteindre les lumières... Vive la Charte!....

MARTIN.

Oui, vive la Charte! sais-tu ce que c'est, toi, que la Charte?

LE MAÇON.

C'est-à-dire, mon vieux, c'est pas sûr, parce que la politique c'est pas l'fort du compagnon; mais j'imagine que c'est une chose comme par laquelle un homme en vaut un autre, et voilà!.... C'qui fait que le roi l'y a mis le couteau sur la gorge, à celle fin que la moitié des hommes soient des bêtes, conçois-tu l'apologe?

En ce moment, la fusillade se fait entendre dans plusieurs directions, et les coups de canon se succèdent sans interruption.

— Mes amis, s'écrie un homme du peuple, qui arrive couvert de sang et de sueur, c'est à la place de Grève qu'on se bat; j'en viens: l'Hôtel-de-Ville est pris, la garde royale est déjà dans la rue Saint-Antoine.

A la place de Grève! A l'Hôtel-de-Ville! répète toute la troupe.

Et Georges s'empresse de diriger sa petite armée vers les quais. Arrivé près du pont Notre-Dame, il fait faire halte.

— Mes amis, dit-il, que ceux qui ont des fusils se mettent au premier rang, ceux qui ont des sabres, au second; et que ceux qui n'ont que des bâtons me suivent, je vais les conduire là où ils trouveront ce qui leur manque..... En avant!

A ces mots, tous les ouvriers sans armes, se précipitent à l'exemple de

Georges, vers une pièce de canon. Dix d'entre eux tombent.

— Maintenant, s'écrie Georges, elle est à nous, ne leur donnons pas le tems de la recharger....

Tous se jettent sur les canonniers, et les forcent d'abandonner la pièce, qu'ils emmènent aux cris de vive la liberté.

— Sacredieu! capitaine Georges, dit un ouvrier, ça chauffe dur: tout d'même! V'là une compagnie d'Suisses, qui nous a jeté vingt hommes par terre..... J'voudrais t'y descendre l'officier!

UN APPRENTI.

C'est pas si malin..... Qui est-ce qui me prête un pistolet ?

GEORGES.

Qu'en veux-tu faire?

L'APPRENTI.

Donnez toujours, j' vous l' mangerai pas.

Georges lui présente l'un des deux pistolets qui pendent à sa ceinture ; l'enfant le prend, se glisse le long des maisons, s'arrête derrière une borne, à trois pas de l'officier suisse, et lui brûle la cervelle. Au même instant, il se jette à plat ventre pour éviter un feu de peloton entièrement dirigé sur lui; puis ramassant tranquillement sa casquette percée de plusieurs balles, il rejoint la compagnie de Georges. En ce moment un feu terrible s'engage à demi portée de pistolet; bientôt le pavé est couvert de cadavres, les ouvriers sans armes s'emparent des fusils des morts. Cinquante d'entre eux ayant Oscar à leur tête, s'élancent à travers la mitraille, pénètrent dans l'Hôtel-de-Ville, et arborent le drapeau tricolore. Pendant ce tems la garde royale s'avance dans la rue Saint-Antoine, mais elle ne peut faire dix pas sans être obligée d'emporter d'assaut les barricades élevées par les habitans, et derrière lesquelles sont retranchés les meilleurs tireurs du quartier. Les pavés pleuvent par les fenêtres ; des toits tout entiers s'écroulent sur les soldats qui sont forcés de revenir sur leurs pas.

— Capitaine Georges, s'écrie un ouvrier, y paraîtrait qu'ils ont été mal reçus, les voilà qui reviennent....

GEORGES.

Tant mieux mes amis ; nous n'avons pas beaucoup de cartouches, il n'en faut pas brûler pour le roi de Prusse. Attendons-les à vingt-cinq pas.

OSCAR.

Pas de retraite, mes amis ; tenons ferme et ils sont à nous.

UN OUVRIER.

C'est-y dommage de n'avoir rien à mettre dans le canon ! Ce brutal-là serait capable, à lui tout seul, de couper la respiration à la moitié d'un régiment.

Effectivement, le canon qu'avait pris Georges et ses compagnons était dépouvu des ustensiles nécessaires pour le charger, et l'on manquait de projectiles. Bientôt le combat recommence avec fureur; Georges est partout où le danger est imminent et Oscar ne le quitte pas. Tout à coup Georges chancelle, cherche un point d'appui sur l'ouvrier le plus près de lui et tombe avant de l'avoir trouvé. Oscar s'approche, tente de le relever, et s'aperçoit qu'une balle a fracassé la cuisse de son malheureux cousin. Georges, cependant, n'a pas tout-à-fait perdu connaissance; il tend la main à Oscar.

— Cousin, dit-il, d'une voix presque éteinte, ne perdez pas un tems précieux. Je sens qu'avant dix minutes la *forme* sera *en pâte*. Le malheur n'est pas grand; et le bon Dieu la recomposera quand il voudra .... En attendant, vengez-moi, vengez la France, et vive la liberté de la presse! Georges, en achevant ces mots, tomba privé de tout sentiment dans les bras de ses amis.

—Vengeance! vengeance! Ce cri s'échappe en même tems de toutes les bouches; la troupe est de nouveau attaquée avec fureur, et la garde royale craignant que la retraite ne lui soit coupée au moyen de barricades semblables à celles de la rue Saint-Antoine, se retira précipitamment vers le Louvre et les Tuileries, laissant le peuple maître de plus des trois quarts de la ville.

Il faisait nuit ; le feu était presque entièrement cessé sur tous les points. Oscar est à la tête de ceux de ses camarades que le fer et le feu ont épargnés ; il pense à Georges, et sa poitrine est oppressée, des larmes mouillent ses paupières ; il se rappelle les paroles de ce généreux ami : vengez moi ! vengez la France !

— Oui, oui ! Brave Georges, s'écrie-t-il, tu seras vengé ; je jure de ne pas quitter les armes tant que j'aurai un ennemi en face ..... Mes amis, faisons bourse commune, que deux d'entre nous se détachent pour aller aux provisions ; mais, surtout pas de vin ! nous serions perdus.

A ces mots, toutes les bourses se vident dans un bonnet de police. On établit des postes; des sentinelles sont placées à tous les coins de la rue qu'on occupe, et la petite troupe se dispose à passer la nuit sur le champ de bataille, afin d'être prête, au point du jour, à recommencer le combat.

Couché au milieu de la rue, la tête appuyée sur un pavé, Oscar, malgré la fatigue qui l'accable, ne peut dormir un seul instant. Il voit Georges mourant; il pense à Henriette: que fait-elle? où est-elle?... Il donnerait dix ans de sa vie pour la voir un instant; mais il ne peut se résoudre à abandonner ses braves compagnons. Qui sait s'ils ne seront pas attaqués pendant son absence? s'il lui sera possible de revenir près d'eux? Mille obstacles peuvent l'en empêcher. Et pourtant la pauvre petite doit être dévorée d'inquiétudes ; n'a-t-elle pas dit : « si tu ne reviens pas ce soir, demain je serai morte! » Le jeune de Masseville souffrait horriblement. Mais bientôt le jour parut et les cris de guerre suspendirent le cours de ses pénibles réflexions.

III.

Combat. — Désespoir. — Victoire. — L'hôpital.

—

Pale, tremblante, le visage inondé de larmes, la pauvre Henriette marchait à grands pas dans sa petite chambre. Chaque coup de canon qui se faisait entendre semblait lui déchirer les entrailles. Parfois elle tombait à genoux, joignait les mains, levait vers le ciel ses beaux yeux que le désespoir embellissait encore, en implorant avec ferveur la miséricorde divine; puis elle s'appuyait sur la rampe de sa petite fenêtre d'où elle voyait s'élever les tourbillons de fumée de tous les points où le combat était engagé. Toute la journée se passa ainsi, et cette journée fut bien longue !... Enfin le soleil se coucha ; la nuit vint et le canon cessa de se faire entendre. De tems en tems seulement quelques coups de fusil troublaient le silence de la nuit. A neuf heures les rues étaient désertes; pas une voiture, pas une lanterne.

L'horloge de la bourse se fit entendre; Henriette, retenant son haleine, compta avec la plus douloureuse attention.... onze heures! et Oscar ne paraît pas!... La pauvre fille n'y peut plus tenir; des cris de désespoir lui échappent; elle se tord les bras, se frappe le visage.

— Oscar! Oscar! s'écrie-t-elle; il est mort!.... les monstres l'ont tué... il est mort!...

Puis, tout à coup, elle cesse de pleurer, et ne prononce plus un mot; elle jette sur ses épaules un léger fichu, sort de la chambre, descend rapidement l'escalier, et, malgré les ténèbres profondes quil'environnent, elle marche avec rapidité. Rien ne l'arrête; ni les barricades qui s'élèvent de toutes parts, ni les *qui vive* des patrouilles citoyennes auxquels elles ne songe pas même à répondre; et cependant elle n'a point de but déterminé; elle ne sait où elle va, où elle s'arrêtera. C'est ainsi qu'elle arrive près du Palais-Royal. De ce côté, les patrouilles sont nombreuses, et les *qui vive* plus fréquens: Henriette marche toujours et ne répond pas, jusqu'à ce qu'une voix de stantor lui crie: on ne passe pas!... si vous avancez, je fais feu.

— Laissez-moi, laissez-moi !.... je cherche Oscar ; Oscar, qu'ils ont tué !... Oh ! par pitié, ne me retenez pas ; dites-moi où je puis espérer de le trouver. Que je le voie, que je l'embrasse encore une fois ; et que les monstres qui l'ont tué me tuent aussi afin que nous ne nous quittions plus ...... Oscar ? Oscar !.. ah ! vous ne savez pas comme je l'aime, comme il m'aimait !.... Il m'avait promis de revenir..... les scélérats !...

Et pendant qu'elle parlait ainsi, dix ou douze hommes, armés de fusils, de pistolets, de piques, l'entouraient, et semblaient l'écouter avec intérêt.

— Pauvre petite mère ! dit l'un d'eux, l'chagrin lui met la tête à l'envers. Comment diable veut-elle trouver un quelqu'un à présent, surtout si c'est un ami qui aura évu l'malheur d'être décroché par ces guerdins de suisses .... mon enfant, si j'ai un conseil à vous donner, c'est de ne pas aller plus loin de ce côté-là ; car les rouges y sont, et c'est des cadets fièrement féroces, je vous en avertis. Restez avec nous, et quand y f'ra jour j' vous promets qu'on leur z'y ressoignera le cuir...

— De grâce, laissez-moi, laissez-moi !... Il faut que je le trouve .... je brûle, je meurs ....

Et se faisant jour à travers l'auditoire qui l'environnait, elle disparut.

A peine le jour commençait-il à paraître, que déjà le bruit des armes et les cris de guerre se faisaient entendre; Oscar est debout, il rassemble sa petite troupe, et, guidé par la fusillade déjà engagée, il marche sur le Louvre. Le combat devient terrible; le sang coule à flots; le pavé est couvert de cadavres, après trois heures de carnage, rien ne paraît encore décidé.

— Mes amis; s'écrie Oscar, puisque nous n'avons pas de canon, il faut enfoncer les portes à coup de crosses.

A ces mots, il s'avance au milieu d'une grêle de balles et crie aux suisses :

— Rendez-vous, si vous ne voulez être tous exterminés!... la force et le droit sont pour le peuple !

Les suisses ne répondant qu'en doublant le feu, les maisons environnantes sont criblées ; mais les citoyens se sont emparés de l'église Saint-Germain-l'Auxerois, et de dessus les combles tirent avec tant de bonheur, que chaque coup met un ennemi hors de combat.

— Ah ça, mon capitaine, s'écrie un homme de la troupe d'Oscar, y a pas d'raison pour que ça finisse, et pourtant ça commence à être embêtant .... c'est pas à coup de fusil qu'on ouvrira les portes.

— C'est vrai, mon brave, je l'ai dit, c'est à coups de crosse.... en avant ! vengeons Georges ! vengeons nos amis....

A ces mots, il s'élance vers la porte principale; mais à peine a-t-il franchi la moitié de la distance qui l'en sépare, qu'une balle lui fracasse l'épaule. Il tombe, perd connaissance, et ses camarades qui le croient mort continuent leur course vers la porte qui bientôt vola en éclats.

Une jeune fille, pâle, écheve-lée, les vêtemens en désordre sort de l'église Saint-Germain-l'Auxerrois dont on a fait un hôpital ; elle a visité tous les blessés, examiné tous les cadavres, et elle s'avance sur la place pour voir ceux qu'on n'a pu encore relever. Tout à coup, elle pousse un cri perçant, saisit à bras le corps de l'un des malheureux dont le sang rougit le pavé, et essaie de l'emporter....

.... C'est Henriette ; elle vient de retrouver Oscar. Ce fardeau précieux semble avoir doublé les forces de la jeune fille; déjà elle est arrivée près du portail de l'église. En ce moment, les suisses obligés de fuir font une dernière décharge; les balles sifflent, la pauvre Henriette en est atteinte, et tombe au pied de la grille. Une secousse violente fait cesser l'évanouissement d'Oscar; il ouvre les yeux .... Henriette est là, sanglante, défigurée... Et c'est pour lui, c'est pour le sauver qu'elle est morte!... il fait un effort, écarte de dessus le visage inanimé de sa maîtresse ses cheveux souillés de sang, ces longs cheveux noirs qu'il aimait tant. Hélas! tout espoir est perdu... Oscar voudrait mourir, et pourtant il entend les cris de victoire de ses camarades. Le désespoir qui s'est emparé de son âme, le sang qu'il perd en abondance, achèvent d'épuiser ses forces; ses yeux se ferment de nouveau, et il cesse de souffrir.

Le combat avait cessé sur ce point; des secours étaient prodigués aux victimes du despotime. Oscar fut transporté mourant à l'Hôtel-Dieu.

La plaie fut sondée, pansée, elle était profonde; elle exigeait de grands, de longs soins; mais elle ne parut pas mortelle.

Sa jeunesse intéressait en sa faveur, et tous ses camarades, blessés autour de lui, parlaient avec enthousiasme de l'héroïsme qu'il avait déployé et de la valeur dont il avait fait preuve.

Pendant l'opération que nécessitait la blessure, le médecin occupé seulement de prodiguer au patient les secours de son art, avait fait peu d'attention à la figure du blessé, mais lorsque tout fut terminé, il porta ses regards sur le jeune homme dont il entendait autour de lui faire l'éloge.

— Eh! mais, s'écria-t-il, je ne me trompe pas, je connais cet infortuné... C'est le fils de M. de

Masseville, ancien conseiller à la Cour royale d'Amiens.

— Vous croyez, Monsieur?

— J'en suis certain : Son père est mort emportant l'estime de tous ses concitoyens, et n'a laissé à sa veuve qu'une très-médiocre fortune qui suffit à peine à ses besoins. Son fils est venu à Paris pour y chercher un emploi qui le mît à même de ne pas lui être à charge.

— Le digne jeune homme, dit la sœur, sous la surveillance de laquelle Oscar était placé, et il travaille à ce qu'il paraît.

— Ses mains l'indiquent assez,

mais j'ignore sa profession; quelle qu'elle soit, c'est un homme qui mérite notre estime à tous, et je vous prie, Madame, de veiller à ce qu'il n'éprouve ici aucun besoin et à ce que les soins les plus empressés lui soient prodigués.

— Soyez tranquille, Monsieur.

Et d'autres blessés réclamant les soins du médecin, il s'éloigna.

Dans ces momens où la France se régénérait, où des hommes obscurs, sortis des derniers rangs de la société, donnaient l'exemple des plus héroïques vertus, d'un désintéressement dont les Spartiates seuls nous avaient jusqu'alors fourni le modèle, on n'était cependant pas encore à l'abri d'un préjugé à l'influence duquel le Français ne pourra encore de long-tems se soustraire, c'est ce magique empire qu'a sur la multitude, un titre et un nom.

Celui de Masseville était inconnu à ceux qui l'entendaient prononcer. Il n'avait tout au plus quelque célébrité que dans la ville d'Amiens, mais le titre de conseiller à la Cour royale, résonna agréablement aux oreilles de tous, voire même à celles de la sœur, humble par état, bonne par caractère, mais qui n'était cependant pas fâchée d'avoir parmi ses malades le fils d'un conseiller.

Elle en parla à l'heure du dîner à ses compagnes, et surenchérissant encore sur tout le bien qu'elle avait entendu dire de notre jeune héros, elle leur inspira le désir de connaître le petit prodige que le hasard avait confié à ses soins.

Sans le savoir, Oscar, étendu sur son lit de douleur, fut donc soumis au scrupuleux examen des béates embéguinées, qui, toutes convinrent que si son âme était aussi belle que son visage, elle devait approcher de la perfection.

La mère Sainte-Eustache avait donc pour son protégé des soins qui auraient pu exciter la jalousie de ses autres malades; mais rien n'est adroit pour la dispensation de ces preuves d'intérêt comme ces bonnes et respectables filles, chargées du triste soin de soulager ce que les infirmités humaines ont de plus dégoûtant. Oh ! que leurs fonctions sont grandes et honorables ! Quelle héroïque abnégation de toutes ces futilités, de tous ces plaisirs, de toutes ces jouissances sans lesquelles la vie nous paraîtrait à charge, à nous qu'ils énervent, qu'ils blâsent, et pour qui, souvent, ils ne produisent que le dégoût et l'ennui, ces deux maladies de l'âme, inconnues à ces femmes sublimes qui passent leur vie au chevet du pauvre expirant, et n'ont de leurs continuels sacrifices, d'autre récompense en ce monde que celle d'avoir fait le bien, d'avoir soulagé les maux de leurs semblables, d'avoir consolé leur misère!

—

IV.

Madame Antoine. — L'ambulance. — L'amputation. — Retour à la vie.

—

GEORGES, regardé comme mort, fut transporté sous une porte-cochère voisine, recouvert de quelques feuillages, et commis aux soins d'une vieille portière qui s'engagea à ne remettre ce fatal dépôt qu'à ses amis. Tous jurèrent ensuite de venger sa perte qu'ils déploraient, et, pleins de cette idée, ils volèrent à de nouveaux dangers.

La portière à la garde de laquelle le pauvre Georges était remis, n'avait d'autre défaut que d'être curieuse et bavarde.

Or donc, lorsque les amis du malheureux compositeur se furent éloignés, madame Antoine monta les cinq étages qui séparaient sa loge de la mansarde occupée par mademoiselle Ollivier, vieille garde-malade qui ne vivait que des secours que lui faisaient parvenir ses anciennes pratiques.

Elle l'engagea à venir s'assurer par elle-même, si le jeune homme qu'on venait d'apporter dans sa cour était bien réellement mort.

Mademoiselle Ollivier y consentit et se rendit près de Georges, écoutant pendant la route, le prolixe récit que lui fit la portière, récit qu'elle amplifia suivant la louable coutume de ses semblables, et qu'elle entremêla de jérémiades sur les révolutions; la brave femme avait vu celle de 89, dans laquelle Monsieur Antoine, son défunt mari, avait péri victime de *son zèle*, en combattant contre les Suisses au 10 août.

Nos deux commères sont enfin descendues, et après bien des soupirs, la portière écarte soigneusement les branchages qui recouvraient le corps de Georges.

— V'là la victime, Mam'selle Ollivier; voyez plutôt : un homme de trente-cinq à quarante ans; père de famille peut-être.... Ah! mon Dieu! Qu'est-ce que deviendra sa pauvre femme, s'il en a une, ses pauvres enfans, si le bon Dieu lui en a donné?

Et la pauvre femme de sanglotter encore de plus belle.

Cependant Mademoiselle Ollivier considérait avec sang-froid le corps qui gisait à ses pieds; les traits du malheureux étaient contractés et portaient la livrée de la mort; sa main qu'elle avait prise était froide et tenait encore le pommeau d'une épée brisée dans le combat; enfin, après quelques minutes d'examen, la vieille garde-malade allait prononcer affirmativement, lorsque madame Antoine crut avoir vu le pauvre Georges faire un léger mouvement.

— Ah! mon Dieu, mam'selle Ollivier, avez-vous vu?

— Quoi ?

— Il a remué, ce pauvre cher homme, il n'est pas mort, j'en suis sûre, il n'est pas mort.

— Vous avez cru, mère Antoine.

— J'ai cru... j'ai cru... jour de Dieu, je l'ai vu comme je vous vois... et tenez, l'ai-je encore cru cette fois-ci.

— C'est vrai, c'est vrai.

Et mademoiselle Ollivier se pencha sur son malade : elle lui chercha le pouls qu'elle ne trouva pas, et plaça la main sur son cœur, elle crut le sentir battre, mais bien faiblement.

— Il vit! s'écria-t-elle, j'en suis sûre, il vit, mais il nous faudrait un médecin, il faut que cet homme soit saigné sur-le-champ, ajouta-t-elle d'un ton doctoral, ou s'en est fait de lui.

— Restez auprès de lui, mam'selle Ollivier, et s'il ne faut qu'un médecin pour le sauver, j'en aurai bientôt trouvé un.

Et, sans attendre de réponse, la bonne sortit en accusant les années de trahir son empressement. Quelques minutes s'étaient à peine écoulées, qu'elle reparut accompagnée d'un jeune homme.

— Tenez, Monsieur, dit-elle, v'là ce malheureux qui réclame votre assistance, sauvez-le, et sa femme et ses enfans, et lui-même vous en auront une grande obligation.

Madame Antoine n'en démordait pas, elle s'était mis dans la tête que Georges devait être marié et elle le croyait fermement.

Le jeune médecin, sans faire attention au bavardage de la brave portière, s'assura d'abord que la vie n'était pas absolument éteinte dans notre bon Georges, et en ayant acquis la certitude, il le saigna au bras; le sang ne coula pas de suite, mais enfin il sortit, et le jeune disciple d'Esculape s'écria : il est sauvé !

— Il est sauvé !... Ah ! Monsieur, que d'actions de grâces vous rendront sa femme et ses enfans !

— Vous le connaissez ?

— Oh ! mon Dieu, non. Ses amis l'ont apporté ici, il y a un instant.... Ils le croyaient mort.

— Qui vous a donc appris qu'il fût marié ?

— Je le suppose.

— Ah ! c'est différent ; mais en attendant que l'on puisse faire transporter cet homme dans un hôpital ou dans une ambulance, car maintenant on en établit partout, ne pourriez-vous pas le faire placer dans un endroit plus convenable que dessous cette porte ?

— Dans ma loge, mon cher Monsieur, dans ma loge... elle est bien à votre service, et au lieu de...

Et de suite Georges, toujours privé de sentiment fut transporté dans la loge de dame Antoine. Le médecin alors put visiter ses blessures, elles étaient nombreuses, profondes. Une surtout qui était à la jambe gauche, donna de l'inquiétude au docteur; après l'avoir pansé, il le commit aux soins de mademoiselle Ollivier, qui ne manqua pas de décliner ses titre et profession, et il s'éloigna, non sans promettre de revenir bientôt.

Deux heures après environ, il parut accompagné de deux porteurs. Il venait chercher le malade pour le transporter dans l'ambulance établie à la Bourse. Dame Antoine demanda son adresse pour la donner à ses amis qui pouvaient venir le réclamer; elle promit d'aller le voir. Et Georges sortit enfin de sa maison sans savoir s'il y était entré.

Mademoiselle Ollivier fut également emmenée par le médecin ; les blessés affluaient tellement, qu'on manquait de monde pour leur donner des secours et la digne vieille fit au docteur la généreuse proposition d'aller leur prodiguer des soins. Elle fut accueillie.

Le lendemain le médecin leva le premier appareil ; Georges n'avait pas encore recouvré la connaissance. M. de Luceval (c'était le nom du médecin), vit avec terreur que le mal avait fait des progrès et que l'amputation était indispensable. Il appela ses collègues qui tous furent de son avis; dans l'état de faiblesse où se trouvait le malade, il y avait tout lieu de craindre qu'il ne succomba pendant l'opération. Mais le cas était pressant, il y allait de la vie du blessé. On l'opéra. Il donna à peine quelques signes de vie pendant l'amputation, et les médecins auguraient mal de cette insensibilité; mais ils ne lui en prodiguaient pas moins tous les soins que son état exigeait; pendant plusieurs jours la position ne changea pas. Le quatrième, il parut recouvrer le sentiment. Il promena autour de lui des regards étonnés, et ne pouvant parler, il interrogeait du regard la vieille garde qui ne l'avait pas quitté un seul instant.

— Tranquillisez-vous, lui dit-elle, vous êtes ici avec des amis...

Georges voulut prononcer le nom d'Oscar; mais ce mot expira sur ses lèvres, et il retomba dans son affaissement habituel. Le jeune docteur augura bien de ce retour momentané de sa connaissance, et effectivement, vers le soir du même jour, le patient eût un sommeil long et paisible qui raffraîchit son sang, et le lendemain, en s'éveillant, il prononça ces mots :

— Où suis-je ?. . .

Mademoiselle Ollivier satisfit à sa question et le supplia de garder le silence ; car le médecin avait expressément ordonné qu'il se dispensât de parler, Georges obéit après avoir toutefois demandé si l'on savait ce qu'était devenu Oscar, question à laquelle la vieille fille ne put répondre d'une manière satisfaisante ; car le nom et celui qui le portait lui étaient également inconnus.

Lorsque le médecin fit sa ronde matinale, il trouva Georges bien mieux, et ce ne fut qu'alors que le malheureux reconnut qu'il avait un membre de moins.

— Encore, dit-il, faut-il mieux que ce soit une jambe qu'un bras que l'on m'ait supprimé, cela ne m'empêchera pas de tenir mon *composteur*, et de faire jouer la *pointe*, et je m'en consolerai; et ce qui m'inquiète le plus, c'est de n'avoir aucune nouvelles de ce bon Oscar.

— Quel est donc cet Oscar? demanda le médecin.

— C'est un brave jeune homme, mon cousin, Dieu merci! et qui se battait vaillamment à côté de moi, lorsque cette maudite balle qui m'a livré entre vos mains, est venue m'en séparer. Vous me rendrez un service dont je serais toute ma vie reconnaissant, Monsieur, s'il vous était possible de me procurer sur lui quelques renseignemens. Son nom est Oscar Masseville, fils d'un ancien conseiller à la Cour royale d'Amiens.

— Sa profession?

— Ouvrier compositeur.

— Je vous promets de ne rien négliger pour le découvrir; mais vous aussi, promettez-moi de ne rien faire contre mes ordonnances.

— Parlez, Monsieur; je souscris d'avance à tout ce qu'il vous plaîra de me prescrire.

— Je vous engage donc à observer le plus rigoureux silence, et j'invite votre garde à ne répondre à aucune des questions que vous pourriez lui adresser.

— C'est dit, docteur; d'ici à ce que vous ayez levé la consigne, je veux que le diable m'emporte si je prononce un seul mot. ... Ah! encore un cependant;. ... mon cousin demeure rue Richelieu, n. 15.

— C'est bien!

— Ah! pardon, cher docteur, sommes-nous victorieux? Je présume que oui.

— Nous le sommes!

— Bon! nous avons bien travaillé alors, et ce n'est pas trop de payer d'une jambe un si joli succès; que j'apprenne qu'Oscar s'est retiré sain et sauf de la mêlée, et je ne regretterai pas ce que j'ai fourni... Maintenant *motus*.

Et le brave garçon fit signe au docteur qu'il allait se conformer à ses ordonnances. Ce dernier s'éloigna après l'avoir assuré qu'il allait s'occuper de prendre sur les destinées d'Oscar les renseignemens les plus précis. Georges lui fit un signe de remercîment et lui présenta la main que le jeune homme serra affectueusement; puis, le recommandant de nouveau aux soins de la bonne garde, il disparut.

—

V.

Une mère. — Visite royale. — La nièce de l'Administrateur.

DANS la situation malheureuse où se trouvait notre héros, de bons soins lui étaient sans doute fort nécessaires, et il en recevait de tels de la part des sœurs de l'Hôtel-Dieu. Mais qui peut remplacer ceux d'une mère! Le docteur, qui avait reconnu Oscar, et qui ignorait absolument les liaisons qu'il pouvait avoir à Paris, écrivit à madame de Masseville, la situation dans laquelle se trouvait son fils. Il lui apprenait la conduite héroïque qu'il avait tenue dans les trois journées, et qu'il avait recueilli de ceux même qui en avaient été les témoins. Il voulait ainsi modérer la douleur que lui causerait la nouvelle de sa blessure par celle de la gloire dont il s'était couvert. Le digne docteur pensait juste, et croyait généreusement que tout le monde partageait son opinion.

Mais telle n'était pas celle de madame de Masseville ; elle ne répondit point à la lettre qu'il lui avait adressée ; il en écrivit une seconde plus pressante que la première, dans laquelle il exprimait les craintes que lui faisait concevoir la position d'Oscar.

Cette lettre ne fut pas plus heureuse que la précédente.

Le bon docteur ne se rebuta point, il envoya une troisième missive. Dans celle-ci, il ne ménagea plus la sensibilité de cette mère qui ne lui paraissait plus mériter ce titre. Il lui disait sans détour, qu'il jugeait son fils menacé d'une mort prochaine, et que si elle voulait le voir avant qu'il ne quittât la vie, elle devait hâter son voyage.

Cette fois, le docteur fut plus heureux, sa lettre fut honorée d'une réponse. Mais elle n'était point de madame de Masseville. Un prêtre d'Amiens, sans doute directeur de la conscience de Madame, répondait à la troisième missive. Sa lettre était telle que l'on pouvait l'attendre du plus fervent disciple de Loyola. Son patron lui-même ne l'eût pas mieux dictée. Après lui avoir peint les chagrins qu'avaient causés à sa mère, les égaremens dans lesquels s'était jeté le jeune Oscar; il ne lui manquait plus, disait-il, que d'apprendre qu'il avait même sacrifié ses jours pour une cause telle que celle qu'il avait défendue. Si l'existence de son fils était encore un sacrifice qu'elle dût faire à Dieu, elle était prête à le lui offrir, et à s'écrier avec le prophète Job : « Dieu me l'a donné, Dieu me l'a ôté, que sa sainte volonté soit faite! »

Tel était le contenu de la lettre, le bon docteur en conclut que madame de Masseville était indigne du titre de mère qu'elle portait, et il se promit de ne rien révéler à son malade de la démarche qu'il avait faite auprès d'elle. L'intérêt qu'il prenait à lui s'en accrut, et l'indifférence de sa mère eut cela d'avantageux pour lui, qu'elle lui procura un ami.

Ce jour même, la Reine des Français vînt à l'Hôtel-Dieu visiter les blessés. Elle s'enquit avec une tendre sollicitude du nom, de l'état de chacun d'eux, afin de leur procurer, lorsqu'ils seraient rétablis, des secours selon que leurs besoins ou leur situation le demanderaient. Tous, à peu près, purent entendre leur souveraine leur adresser des mots affectueux, leur faire des promesses qui ne furent point illusoires, et c'est toujours une consolation même dans la plus déplorable situation, que de se voir ainsi l'objet d'une haute sollicitude.

La Reine parvînt jusqu'au lit où gisait le malheureux Oscar.

Le bon médecin répondit pour lui aux questions de la souveraine, et ne lui cacha pas le peu de part que prenait sa mère à son infortune, sans cependant lui faire connaître le motif qui portait madame de Masseville à en agir de la sorte. Mais il en dit assez, cependant, pou que la Reine sut qu'Oscar devait sa disgrâce aux sentimens qu'il avait manifestés, à l'opinion dont il était victime. La Reine tira ses tablettes, écrivit dessus le nom de Masseville, et dit au protecteur d'Oscar :

— Si ce jeune homme a perdu sa mère, il en retrouvera une en moi.

Et le bon docteur se félicitait ; car il portait une amitié de père à son jeune compatriote.

. . . .

Cependant la mort menaçait l'infortuné. Son état devenait chaque jour plus alarmant, et bientôt il fut tel que sa fin parut très-prochaine.

Tous les médecins l'abandonnèrent, et traitaient même d'obstination les soins constans que prenaient de lui, leur confrère et la mère Sainte-Eustache. Mais tous les deux ne se rebutaient pas, et leurs soins pour être désespérés n'en étaient pas moins grands.

Ils furent récompensés. Le jeune homme ne mourut pas; quelque mieux apparut, et rien ne put donner une idée de la joie de son bienfaiteur. La bonne sœur n'était pas moins zélée que lui. Le mieux se soutenait, et Oscar, après avoir passé quinze jours dans un état plus voisin de la mort que de la vie; renoua enfin avec l'existence, et marcha à grands pas vers la guérison ; mais il devait encore s'écouler du tems avant qu'elle fût parfaite, et le malade avait encore un long séjour à faire à l'Hôtel-Dieu.

La Reine avait plusieurs fois donné la preuve qu'elle se souvenait du malade recommandé à sa mémoire par la sœur et le médecin. En envoyant chaque jour collectivement recueillir des nouvelles de ses blessés, comme elle les appelait, elle avait eu l'attention d'en faire demander particulièrement à la sœur Sainte-Eustache, et pendant plusieurs jours, la bonne fille avait tristement répondu à cette preuve d'un royal souvenir; car elle pensait aussi, elle, que son protégé ne pourrait jouir de la faveur qu'il lui était permis d'espérer. Mais aujourd'hui tout était changé, et Oscar pourrait un jour recueillir les fruits du haut intérêt dont il était l'objet. Sœur Sainte-Eustache donc, allait au devant de l'envoyé de la Cour, et avant même qu'il eût parlé, lui fournissait le bulletin de la santé du jeune Masseville, bulletin que le brave homme recevait toujours en souriant malignement; car il savait qu'Oscar était jeune, et la jolie sœur était encore dans cet âge où un cœur s'ouvre volontiers aux douces impressions de l'amour. Mais ce sentiment n'était pour rien dans le vif intérêt que lui inspirait son protégé; il était pur et dégagé, comme celui des anges, de tout intérêt mondain.

Oscar recouvra enfin la faculté de sentir et de rendre ses idées; avec quelle vivacité il exprima au docteur et à la sœur les sentimens de gratitude dont il était pénétré, et combien il les remercia de leur généreuse assistance! Car dans sa position, rien de ce qui se passait devant lui ne lui etait étranger, mais sa faiblesse l'empêchait de le témoigner.

Cependant M. de Luceval, ce médecin qui portait à Georges un intérêt non moins vif que celui inspiré par Oscar à ses bienfaiteurs, avait fait, ainsi qu'il l'avait promis, des démarches pour découvrir le cousin de son protégé; d'abord elles avaient été infructueuses, mais la persévérance amène presque toujours un résultat satisfaisant, et il avait enfin découvert qu'Oscar était un des blessés déposés à l'Hôtel-Dieu. Georges fut tranquillisé par cette nouvelle, car il craignait que son parent n'eût succombé; mais il lui restait encore une prière à faire. M. de Luceval, qui le devina, lui promit d'aller lui-même juger de l'état du blessé.

Et le bon Georges fut au comble de la joie.

Oscar apprit donc bientôt que son ami Georges, aussi maltraité que lui, avait de *plus* une jambe de *moins*. Il reconnut l'excellent cœur de ce brave garçon dans la démarche qu'il avait fait faire à M. de Luceval : et dès qu'il le put, il lui écrivit quelques mots. Georges reçut avec une joie inexprimable cette marque de souvenirs, et y répondit sur-le-champ. Une correspondance active s'établit ainsi entre nos deux héros, et charmait les ennuis de leur longue convalescence.

Mais ce qui inquiétait le plus

Oscar, c'était l'incertitude où il se trouvait sur le sort d'Henriette. Ni Georges, ni lui n'avaient pu se procurer aucun renseignement sur elle. Depuis les journées de Juillet elle n'avait pas reparu rue de Richelieu : on n'y avait reçu aucune nouvelle qui pût faire présumer en quel lieu elle s'était retirée. Oscar se souvenait de l'avoir aperçue près de lui ; mais il était blessé alors et hors de lui, de sorte qu'un souvenir confus de ce qui s'était passé se présentait seul à sa mémoire, et il ne savait trop s'il devait s'en rapporter à lui. Ce souvenir lui présentait Henriette pâle, échevelée, ensanglantée, se précipitant au-devant d'un coup qui devait l'atteindre, et tombant sur la poussière, frappée à ses côtés, du coup qui lui était destiné.

Oscar aimait à penser qu'une vision avait abusé ses sens, qu'elle était l'effet du délire.... Et cependant on n'avait aucune donnée sur les destins de la jeune fille.

Quelques personnes avaient été victimes dans les trois jours. La commune opinion fut qu'Henriette avait succombé. Les regrets d'Oscar furent amers. Le souvenir de la bonne fille excitait toujours ses larmes; elle s'était constamment montrée son amie, et était morte en voulant le sauver.

Georges fut le plus promptement dans le cas de venir rendre une visite à son ami. Dès qu'il lui fut possible de le faire, il monta en voiture, et se fit conduire à l'Hôtel-Dieu.

Ce fut vraiment un jour de fête pour tous deux, que celui où ils purent se retrouver près l'un de l'autre; et sœur Sainte-Eustache, témoin de leur bonheur, ne put retenir ses larmes. Que de questions ils s'adressaient! Ils ne tarissaient pas; plusieurs heures s'écoulèrent dans cette douce occupation, et le moment de se retirer arriva, qu'ils ne s'étaient pas encore tout dit. Ils se quittèrent, et Georges promit à son cousin de revenir le voir le surlendemain.

Bientôt même ce brave garçon put quitter l'ambulance, et reprendre son travail. On lui proposa de le faire entrer aux Invalides; il refusa.

— Je peux me suffire, dit-il; je laisse la place à ceux qui ne peuvent gagner leur vie. Plus tard, nous verrons.

Et Georges retourna à son atelier. On fêta son retour, car on l'aimait, on l'estimait; et l'amitié, l'estime, chez de braves ouvriers, ne sont pas de vains noms. On peut compter sur quelqu'un qui se dit votre ami ; on peut craindre celui qui se donne pour votre ennemi, car ni l'un ni l'autre ne savent tromper.

Si Georges était rétabli, il n'en était pas ainsi d'Oscar. Une balle était entrée dans la poitrine, et le coup avait attaqué les parties nobles. De telles blessures sont très-graves; il fallait donc des soins assidus comme ceux dont il avait été l'objet, pour qu'il n'eût pas succombé, et les inquiétudes que lui causait le sort d'Henriette retardaient sa convalescence. Il ne pouvait bannir de sa pensée le souvenir de cette bonne fille : sans cesse elle y était présente, et il lui tardait infiniment de pouvoir sortir, afin de voir s'il ne pourrait pas lui-même réussir à obtenir quelque renseignement sur elle.

Le docteur et la sœur Sainte-Eustache, dont la bonté était inépuisable, l'engageaient à prendre patience, et le médecin faisait tout son possible pour savoir ce qu'Henriette était devenue ; mais toutes ses démarches étaient demeurées sans aucun résultat satisfaisant, et il y avait renoncé.

Oscar, dès qu'il l'avait pu, avait

écrit à sa mère; et il s'étonnait de ne point en recevoir de nouvelles. Le discret docteur se gardait bien de le mettre dans la confidence de ce qui lui était arrivé, et le pauvre jeune homme ne concevait rien à l'obstiné silence que gardait madame de Masseville.

Or, le hasard, ce Dieu bizarre qui se mêle de tout, et plus souvent de nos affaires que nous ne le pensons, amena dans l'Hôtel-Dieu une ancienne connaissance de notre héros qui lui expliqua aussi bien que l'aurait pu faire le docteur, la cause du silence extraordinaire que gardait sa mère.

Cette connaissance, le lecteur judicieux a sans doute déjà pressenti qui elle était.

C'était la belle de Gerlasse, mais non plus cette charmante conseillère de province, objet des premières amours d'Oscar, non plus cette malheureuse jeune femme de l'Hôtel du Nord, qui avait lié sa destinée à celle d'un officier brutal, mais une séduisante odalisque française, mise avec la dernière élégance, et conduite par un vieillard, sur le bras duquel elle s'appuyait mollement.

La sœur Sainte-Eustache dit, en passant rapidement auprès du lit d'Oscar, que ce Monsieur était un des administrateurs de l'hospice, et que cette dame était sa nièce.

— Sa nièce, se dit-il, je ne connaissais pas cette parenté à madame de Gerlasse*, lorsque j'étais élève au collége d'Amiens, et que son mari était, comme mon pre, conseiller à la Cour royale. Elle lui est à coup sûr venue depuis; mais ne la démentons pas, et voyons un peu l'effet que va lui causer ma présence en ces lieux, dont elle est loin, sans doute, de me croire habitant.

M. l'Administrateur et madame sa Nièce allaient donc se promenant dans les vastes salles de l'hospice, s'arrêtant à quelques lits, parlant à quelques malades, et Oscar pouvait déjà distinguer les sons si agréables de la voix de son ancienne maîtresse.

Cette voix enchanteresse était la même que celle qui l'avait autrefois séduit, il ne pensa plus ni à Henriette, ni à sa rencontre avec madame de Gerlasse; il ne vit plus en elle que l'aimable conseillère d'Amiens, et il sentit se rallumer dans son âme les feux mal éteints d'un premier amour.

Pendant qu'il y pensait, madame

de Gerlasse s'était approchée de son lit. Elle le vit, s'arrêta un instant, le reconnut et ne put retenir un cri de surprise.

— Qu'avez-vous, ma chère nièce? demanda le vieillard, avec le plus tendre intérêt.

— Rien, rien, répondit-elle, le pied m'a tourné, je me suis un peu fait mal, voilà tout.

Puis, posant un doigt sur ses lèvres d'une manière significative, tandis que pour tous les autres, elle portait la main a la tête afin d'arranger une boucle de sa chevelure; elle continua sa promenade, sans s'arrêter plus long-tems devant le lit d'Oscar.

Ce dernier avait remarqué son mouvement et l'avait parfaitement compris ; il ne dit pas un mot.

La jeune femme acheva sa visite ; plus d'une fois elle tourna ses regards du côté où se trouvait Oscar. Le jeune homme le remarqua, car il suivit long-tems des siens l'élégante nièce de l'administrateur.

Elle quitta la salle, non sans essayer de revoir encore une fois notre malade, pour lequel aussi elle avait senti renaître l'amour qu'elle avait autrefois inspiré, et qu'un seul regard avait appris que le jeune Masseville éprouvait encore.

—

VI.

La soubrette. — Amour. — Madame de Saint-Aubin. — La lettre.

MADAME de Gerlasse, qui s'appelait alors madame de Saint-Aubin, monta dans l'élégant équipage qui l'attendait à la porte de l'Hôtel-Dieu. Son *oncle* se hissa à ses côtés, et les chevaux brûlant le pavé, eurent bientôt ramené le couple à sa somptueuse demeure. Somptueuse est le mot, car rien n'était brillant comme l'hôtel habité par la charmante madame de Saint-Aubin; il contrastait singulièrement avec celui qu'elle venait de visiter. Là, toutes les misères, compagnes détestées et inséparables de la race humaine; ici tout ce que les arts et le luxe ont pu inventer de plus brillant et de plus énivrant.

Madame de Saint-Aubin voyait toutes ces pompes, sans qu'elles pussent produire sur son âme aucun effet agréable; une sombre tristesse la minait, et il fallait toute la confiance qu'avait en elle son oncle, pour croire qu'un mal de pied pouvait produire un tel effet.

Mais ce cher oncle devait tout croire, et croyait.

Madame de Saint-Aubin était donc d'une humeur des plus détestables; elle prétexta une migraine, et l'oncle fut forcé de la laisser seule. C'était ce qu'elle demandait.

Elle appela Julie.

— Ah! Julie, dit-elle, tu ne

sais pas ce que je viens de rencontrer ?

— Non madame.

— A l'Hôtel-Dieu !

— Qui donc ?

— Et dans quel état !

— Mais vous ne me dites pas qui.

— Oscar de Masseville !

— Quoi ! ce jeune écolier d'Amiens !

— Lui-même !

— A l'Hôtel-Dieu !

— Oui, je l'ai reconnu.

— Ah !

— Julie, il faut que tu aillés vers

lui, que tu lui dises que je l'ai reconnu, que vu la présence de Monsieur l'administrateur, je ne lui ai pas parlé. Mais s'il m'a regardée, mes yeux lui en ont plus dit que n'auraient pu le faire mes paroles. Tu lui porteras de l'or, Julie; tu lui diras qu'en me refusant, il me ferait mal. Je ne peux aller le voir, je serais compromise; tu le lui diras encore... Ah! tu lui diras aussi que je le chéris, que je l'aime toujours.

— Ecrivez-lui.

— Tu as raison.

Et de suite elle fut à son secrétaire, où elle traça la lettre la plus passionnée, son style se ressentit du feu brûlant qui la dévorait.

— Tiens, Julie, voilà cet écrit : tu le lui remettras et tu diras que je l'ai couvert de baisers.

Et elle appliqua dessus ses lèvres brûlantes.

Julie prit la lettre et sortit pour aller s'acquitter de la commission qui lui était confiée ; elle n'était pas fâchée d'en être chargée, car elle ne voyait pas Oscar d'un œil indifférent ; et si elle avait conseillé à madame de Gerlasse de se lier avec le capitaine de dragons, c'était uniquement par intérêt pour sa maîtresse qu'elle voyait dépérir chaque jour. Mais elle s'était cruellement repentie du conseil qu'elle lui avait donné à cet égard.

Cependant, tout en faisant ses réflexions sur ce qui se passait, la fine soubrette arriva à sa destination. Ce n'était ni le jour ni l'heure de venir visiter un malade, mais l'adroite fille prétexta de venir de la part de M. l'Administrateur apporter quelque chose à la mère Sainte-Eustache; et elle passa outre sans éprouver d'autre difficulté de la part du concierge qui, au contraire, lui dit en portant honnêtement la main à son chapeau.

— La mère Sainte-Eustache ! vous détournerez à main gauche, vous monterez l'escalier à droite, et au premier.

Et suivant les indices qu'on lui avait données, Julie se trouva bientôt dans la salle Saint-Jean ; elle chercha le numéro 74, l'aperçut et dirigea ses pas de ce côté.

Oscar l'avait vu entrer, et l'avait reconnue de suite ; il s'attendait bien à quelque message de la part de madame de Gerlasse, mais il ne pensait pas qu'il dût être aussi prompt.

Julie aussi qui avait gardé le souvenir du jeune espiègle d'Amiens, reconnut facilement Oscar; elle s'approcha de son lit, et après lui avoir fait connaître le sujet de sa visite, elle lui remit le paquet cacheté dont madame de Gerlasse l'avait chargée.

Le jeune homme parcourut d'un œil rapide ces caractères tracés par une main qui lui était chère, et il employa pour répondre un style aussi brûlant que celui dont on s'était servi pour lui écrire.

Puis vinrent une foule de questions prévues par Julie, et auxquelles elle répondit en soubrette adroite, et de façon à ne pas compromettre un seul des secrets de sa maîtresse.

Le capitaine avait été tué dans les trois journées de Juillet. Sa mort laissait madame de Gerlasse dans la plus affreuse position; bien qu'elle n'eût pas depuis long-tems à se louer des procédés de cet homme, elle le regretta vivement, d'autant plus qu'elle savait que son mari faisait toujours nombre de démarches pour la découvrir, et qu'il pouvait, d'un jour à l'autre, parvenir à connaître l'asile qu'elle se serait choisi. Et comment échapper à ses poursuites, maintenant qu'elle avait perdu son seul protecteur; car Julie pouvait bien certifier à M. de Masseville que le capitaine était le seul successeur qu'elle lui eût donné, et Oscar le crut assez volontiers, se représentant le caractère jaloux du capitaine.

Julie continua : Mais un bonheur imprévu vint dissiper les inquiétudes de madame de Gerlasse. Son époux, partisan zélé des Bourbons, fut tellement saisi à la nouvelle de la Révolution, qu'il fut atteint d'une apoplexie foudroyante, et expira avant que l'on ait pu seulement lui apporter les premiers secours. On le manda à madame de Gerlasse, qui partit de suite pour Amiens, où elle était appelée par ses intérêts. En épousant le vieux conseiller, un contrat de mariage qui assurait à l'épouse une trentaine de mille francs, avait été dressé; mais le perfide magistrat avait disposé de tout ce qu'il lui appartenait en faveur d'un de ses parens, et avait arrangé les choses de manière que son infidèle épouse ne pouvait toucher que le revenu des 30,000 fr. et non la somme totale sur laquelle comptait sa veuve. Elle consulta tout le barreau d'Amiens, qui lui assura que le procès qu'elle entamerait à cet égard, serait long et que peut-être ne le gagnerait-elle pas. Le vieux conseiller se connaissait en chicane, on ne fait pas partie d'une Cour royale pour rien, et il avait arrangé ses affaires de manière à engager la femme dont il avait à se plaindre dans un long et interminable procès, ou de la forcer à respecter ses dernières volontés.

Ce fut effectivement ce que notre veuve se trouva forcée de faire, mais non sans murmurer contre le testataire. Rien ne la retenait plus à Amiens, où elle n'était reçue chez personne; car, en province, les mœurs sont encore respectées, et si on y est aussi vicieux que dans la capitale, au moins évite-t-on le scandale, et couvre-t-on ses fautes d'un voile qui en sauve l'apparence à tous les yeux.

Avec quinze cents francs de rente, madame de Gerlasse pensait qu'elle ferait triste figure à Paris, lorsque la diligence qui la ramenait dans la capitale versa sur la route. Plusieurs voyageurs furent dangereusement blessés. Notre petite maîtresse crut l'être également, et faisait retentir les airs de ses cris.

Une rhaias de poste vint à passer; un homme déjà âgé en descend, et s'enquiert avec intérêt de la situation des voyageurs; il demeure frappé de la beauté de la jeune veuve que ses vêtemens de deuil rendaient encore plus intéressante. Il lui proposa de monter dans sa voiture, de rebrousser chemin et de la ramener à Paris ; de telles offres étaient trop séduisantes pour être refusées.

Chemin faisant, le Monsieur demande à la jeune femme si elle avait à Paris quelque maison où il lui plût de se faire conduire. Elle répondit que non , qu'elle était absolument étrangère dans la capitale, qu'elle venait de perdre son mari , et que des intérêts qu'elle avait à régler, la forçaient de se déplacer ou de venir à Paris où elle se trouvait sans amis, sans protecteurs. Le vieux Monsieur lui offrit ses services; ils ne furent ni repoussés, ni acceptés.

On arriva dans la capitale, le vieillard proposa son hôtel, la dame fit quelques difficultés, mais enfin elle accepta à la grande satisfaction de son nouvel ami.

Telle fut la conclusion du long discours de Julie. Oscar se mordit les lèvres, il n'était pas très-édifié de la conduite de madame de Gerlasse; lorsqu'il la comparait à celle qu'Henriette avait toujours tenue, la comparaison n'était pas à l'avantage de la coquette. Il demanda à Julie pourquoi madame de Gerlasse avait changé de nom et se faisait passer pour la nièce de son protecteur. La réponse de la soubrette fut tout uniment qu'il fallait bien autant que possible, sauver les apparences.

Oscar refusa l'or qui lui était offert et redemanda à Julie la réponse qu'il avait faite à la lettre qu'elle avait apportée, mais Julie refusa de se rendre à ce qu'elle appelait un caprice de sa part, et elle se retira assez mécontente des scrupules qu'avait manifestés le jeune de Masseville.

Elle parla dans ce sens à sa maîtresse qui attendait son retour avec anxiété. La lettre d'Oscar était si tendre, qu'elle entendit sans trop de colère ce que lui dit Julie des refus et du ton avec lequel le jeune homme lui avait parlé, des instances même qu'il avait faites près d'elle pour obtenir la remise de sa lettre qu'elle lui avait refusée.

Madame de Gerlasse congédia Julie, et se mit à réfléchir sur la con duite qu'elle devait tenir avec Oscar.

Son cœur lui disait de le ménager, car elle l'aimait ; mais elle voulait en être aimée : et comment inspirer de l'amour à qui n'a pour nous que du mépris ! Il n'y a pas de sentiment qui paraisse plus éloigné de l'amour que ce dernier : l'amour est une sorte de culte; et peut-on adorer ce que l'on méprise? Eh bien! cependant, on a vu ces deux sentimens exister ensemble et inspirés par le même objet. Bizarre alliance! On a vu des hommes éprouver des tendres sentimens pour des femmes qu'ils méprisaient. Oh! qu'ils étaient à plaindre, et que leur amour était funeste!!

Oscar faisait ces réflexions, car lui aussi se trouvait dans cette situation; il aimait, et après tout ce qu'avait dit Julie, il méprisait cependant madame de Gerlasse.

Le lendemain, il reçut une nouvelle missive: mais Julie n'en était pas cette fois chargée. Madame de Gerlasse avait craint qu'elle ne fût un mauvais avocat auprès du blessé. D'ailleurs cette fille était au fait de maintes particulités qu'elle voulait laisser ignorer à Oscar, et madame de Saint-Aubin, car elle avait pris ce nouveau nom, savait trop bien que la discrétion n'était pas une des premières vertus de la soubrette. Ce fut la poste qui fût chargée de remettre ce nouveau témoignage d'amour.

Madame de Saint-Aubin y avouait tous ses torts, et de la meilleure grâce du monde en faisait une confession générale, puis elle suppliait son jeune et joli directeur de les lui pardonner. Le repentir avait atteint son âme, elle était résolue à changer de conduite, mais l'amour seul pouvait opérer ce prodige; car pour qui changerait-elle, si elle n'était point aimée! Qui la maintiendrait dans ses sages résolutions? Qui lui donnerait la force de les exécuter! Elle implorait Oscar, elle lui demandait son assistance pour lui inspirer le courage nécessaire à son vertueux projet. Ce serait à ses conseils qu'elle devrait la paix et le bonheur.

Il est assez agréable d'être choisi à dix-huit ans, pour être le mentor d'une femme de vingt-cinq, aimable et jolie. Qui refuserait ce dangereux emploi! Oscar ne s'en sentit pas le courage. Une voix intérieure lui disait bien que ces protestations étaient un piége tendu à sa crédulité, mais il la repoussa comme une odieuse calomniatrice; il ne voyait aucun danger àatenter l'a venture, et si elle ne tournait pas selon ses désirs, à rompre sans retour avec madame de Saint-Aubin. Ayant ainsi transigé avec sa conscience qu'il n'avait pas encore habitué à se taire, il répondit. La veuve fut enchantée de sa lettre; elle la montra à Julie qui, s'abaissant devant sa supériorité, la reconnut et lui en fit, à ce qu'elle disait, son sincère compliment.

—

VII.

Sortie de l'Hôtel-Dieu. — L'entrevue. — Réconciliation.

—

CEPENDANT Oscar était beaucoup mieux; la plaie était presque fermée; il ne pouvait guère quitter l'hospice;

mais on lui avait permis de sortir; et la première fois qu'il profita de la permission, ce fut le bon cousin Georges qu'il alla visiter. Ce jour-là il y eut *calance* forcée à l'atelier : le composteur fut abandonné, les corrections remises au lendemain. Vainement le prote pria, tempêta, parla de *débauchance;* il ne fut point écouté, et le vin du papa Lariole reçut une forte accollade, non pas de la part d'Oscar : le pauvre jeune homme était encore trop faible pour faire de fréquentes libations à Bacchus; mais Georges était bien guéri, ses compagnons n'étaient pas malades, et ils fêtèrent tous la convalescence de leur ami. C'était à qui lui pressérait la main, lui témoignerait le plaisir de le revoir à peu près rétabli, et de le voir revenir au milieu d'eux. Le jeune blessé était vivement ému de toutes ces marques d'une amitié aussi franche.

— Je vous remercie, pour mon cousin, et pour moi-même, mes amis, s'écriait le bon Georges; nous sommes également sensibles à ces preuves de votre affection; jamais nous ne les oublierons..... Papa Lariole, un litre à seize..... et du bon! Et de nouveaux toasts furent portés en l'honneur du blessé de Juillet.

Bien que ces preuves d'une amitié

aussi vraie fussent très-agréables à Oscar, le pauvre garçon était tout entier livré au souvenir de sa chère Henriette. Georges cherchait à le consoler, car il n'était guère moins affligé que lui, de la perte de la jeune fille, et il ne put que mêler ses pleurs aux siens.

Enfin le moment de se séparer arriva. Bras dessus, bras dessous, les amis firent la conduite à Oscar, et arrivés à l'Hôtel-Dieu, on se sépara, non sans lui faire promettre de revenir souvent à l'imprimerie.

En rentrant il trouva une nouvelle lettre de madame de Gerlasse; elle resta toute la nuit sur la table sans qu'il l'ouvrit.

Le lendemain, elle se présenta à sa vue, il la prit et la lut; mais sans un vif intérêt.

Et cependant cette lettre était tendre, passionnée. Madame de Saint-Aubin savait que maintenant ses forces lui revenaient et lui permettaient de sortir. Elle le priait, priait est le mot qu'elle employait, de lui accorder un rendez vous. Oscar ne s'y trouvait pas trop disposé; mais il réfléchit que là il pourrait lui exposer sa façn de penser, et, dans cette intention séulement, il le croyait du moins, il lui accorda ce qu'elle sollicitait, comme une faveur, ce qu'il lui aurait demandé en d'autres tems comme une grâce spéciale.

Mais cet acquiescement aux volontés de cette femme, ne satisfit point Oscar, il se le reprochait comme une faute, et le moment de se rendre au lieu désigné arriva, qu'il ne savait trop s'il devait y aller. Il s'y rendit, mais avec répugnance, sans désirs. C'était cependant un joli tête-à-tête qu'il s'était ménagé. Plus d'un le lui auraient envié.

Madame de Gerlasse, en voyant

paraître Oscar, devina de suite ce qui se passait dans son âme; elle était trop adroite pour lui en parler; elle se montra réservée, timide; mais le jeune homme ne voyait dans ces manœuvres que ce qu'elles étaient réellement, des moyens de séduction qui furent en vain mis en œuvre. Madame de Saint-Aubin était piquée de voir ses avances ainsi repoussées; elle pensa qu'Oscar nourrissait une autre passion; car ce motif seul pouvait causer une telle indifférence; du moins la veuve le pensait ainsi. Ce rendez-vous dans lequel madame de Gerlasse se promettait du plaisir, ne remplit pas ses intentions, et elle en sortit avec regret de l'avoir provoqué. Oscar n'en fut pas plus content.

Madame de Gerlasse retourna chez elle de fort mauvaise humeur. En vain M. l'Administrateur employa-t-il, pour faire cesser ses chagrins, tous les moyens qui étaient en son pouvoir, il ne put ramener le sourire sur ses lèvres : il sortit et revint peu de tems après, avec une boucle de diamans qu'il lui offrit de l'air le plus galant.

— Je ne demande, belle dame, ajouta-t-il, qu'un sourire pour prix de mon hommage.

— S'il me faut les payer si chers,

Monsieur, vous pouvez les reprendre; quand on souffre, on n'est pas disposé à sourire.

Et tout en parlant ainsi, elle prenait cette boucle, en faisait jouer les brillans.

— Comment les trouvez-vous ?

— L'eau en est assez pure.

— Ont-ils l'avantage de vous plaire?

— Oui.

— C'en est un que je leur envie.

— Ah !

Et la veuve soupira, car elle pensa à Oscar; elle aurait bien désiré qu'un tel compliment vînt de lui ; mais de la part de l'administrateur, il ne lui inspira que du dégoût et elle soupira profondément.

— Qu'avez-vous, femme charmante?

— Un mal dont vous ne pouvez me guérir.

— Et le nom.

— Je ne sais. Mais pourquoi vouloir obtenir une confidence que jamais je ne vous ferai.

— Je n'insiste pas, et vous devez au moins me savoir gré de ma discrétion.

— Eh bien soit.

Et en achevant ces mots, elle prit l'écrin qui contenait la boucle et sortit. Le vieillard la laissa partir sans oser l'arrêter, mais lorsqu'elle fut sortie, il donna un libre cours à son mécontentement, murmura quelques mots menaçans, des injures mêmes, puis il partit humilié du rôle que la coquette lui faisait jouer.

Chacun de leur côté, nos héros étaient mécontens, et mécontens d'eux, ce qui pis est. C'est peut-être celui qui nous afflige le plus, lorsque nous écoutons nos passions.

Le lendemain Oscar retourna voir son ami Georges; auprès de lui, il oubliait ses peines. Il lui manifesta l'étonnement où le jetait le silence obstiné que gardait sa mère avec lui.

— Il faut y aller, Oscar; tiens, si tu le veux, la banque se fait samedi, toute la quinzaine, j'ai été dans mon *dur*; je touche pas mal de *faces*, nous les emploierons à ce voyage, je ne serai pas fâché de revoir Amiens.

— Eh bien! soit, Georges, mais l'argent que tu recevras, suffira-t-il pour nous d'eux?...

— Sois tranquille, cousin; dans tous les cas, les amis sont toujours là, et crois-tu que si je m'adressais à Ernest, tu sais ce metteur en pages si raisonnable, le caton de l'imprimerie, qui a toujours de l'argent au service de tout le monde, pour le bon motif s'entend, crois-tu, dis-je, que je serais refusé. . ?

— Eh bien! nous partirons, je crois que le docteur ne s'opposera pas à ce que j'entreprenne le voyage.

— Et pourquoi s'y opposerait-il? ne peux tu maintenant disposer de toi, sans le consentement de ton médecin.

— Oh! mon bon Georges, je dois

à cet homme une reconnaissance éternelle, égale à celle que je te porte.

— Allons, allons, cousin, pas d'enfantillage ; consulte, puisque tu le veux, ton docteur, et tâche que son opinion cadre avec nos intentions. A dimanche, d'ici là je vais bourrer des lignes et je te réponds qu'il y aura *gras*.

Ils échangèrent un serrement de main, et se séparèrent.

Georges, à qui l'idée d'un prochain voyage plaisait infiniment, se mit à l'ouvrage avec plus de plaisir que de coutume; il était si heureux d'obliger son cousin ! car c'était en partie pour lui qu'il entreprenait ce voyage. Avec une jambe de bois on n'aime pas à courir, mais le brave garçon, tout boiteux qu'il était, fût allé jusqu'au bout du monde pour obliger Oscar, son élève, son compagnon d'armes. Georges possédait toute la confiance de son ami, cependant sous un point seulement, le jeune de Masseville en avait manqué avec lui.

Il ne lui avait pas parlé de sa rencontre avec madame de Gerlasse, ni de l'espèce de réconciliation qui s'était effectuée entre eux.

Georges savait que c'était à cause

d'elle qu'Oscar s'était battu, et toutes les fois qu'il avait été question de cette affaire, il avait exprimé pour cette femme, un mépris si grand, qu'Oscar n'osait prononcer son nom devant lui, et encore moins lui avouer qu'il entretenait une correspondance avec elle, et avait même consenti à la voir, il savait que son ami la désapprouverait, le blâmerait, et il tenait trop à son opinion pour courir le risque de lui en inspirer une mauvaise.

Quelques jours se passèrent, sans qu'il entendît aucunement parler de madame de Gerlasse, il s'en croyait oublié et il n'en était pas fâché. On

était au jeudi et il devait partir le lundi suivant pour Amiens.

Il se promenait sur le boulevart lorsqu'il vit un brillant équipage le traverser ; il lève la tête, regarde et aperçoit madame de Gerlasse et son oncle supposé. Il détourne ses regards, et continue sa promenade.

Quelques instans après, un domestique en livrée l'aborde, et du ton le plus respectueux, lui demande s'il n'est pas M. Oscar de Masseville. Le jeune homme lui répond par l'affirmative, et alors le valet lui présente une lettre à laquelle, dit-il, il attend une réponse. Oscar ouvre le billet et lit ce peu de mots.

« A trois heures, au Luxembourg. »

— J'y serai, répondit Oscar, aussi laconique que le billet, et le domestique se retira.

A peine avait-il promis que déjà il se repentait, mais il résolut de rompre dans cette entrevue. Le voyage d'Amiens qu'il devait effectuer lui en fournissait d'ailleurs les moyens, s'il était assez faible pour écouter encore cette femme, pour laquelle il ne se sentait plus d'amour, et que depuis long-tems il avait cessé d'estimer. Prémuni ainsi contre ce danger, il marcha d'un pas ferme, et se rendit plein de ces fiers projets, au rendez vous assigné. Il attendit long-tems, mais la belle madame de Gerlasse ne paraissait pas.

— Aurait-elle voulu se jouer de moi? pensait-il en parcourant de nouveau le billet? L'heure indiquée sur le billet était passée depuis long-tems et madame de Gerlasse n'avait pas encore paru. Le désappointement d'Oscar était extrême, il était mécontent, humilié, et maudissait déjà sa mauvaise étoile qui lui avait fait ajouter foi à des paroles trompeuses, lorsqu'il crut reconnaître enfin la charmante retardataire qui se dirigeait de son côté.

— Vous vous êtes bien fait attendre, Madame, lui dit-il en l'abordant avec un petit air boudeur.

— Oscar, mon bon ami, pardonne. Il n'a pas dépendu de moi de venir plus tôt. Je savais ton impatience, mais quelque grande qu'elle fût elle ne pouvait égaler la miennè.

Et tout cela fut dit d'un ton si doux, qu'il eût fallu avoir l'âme plus dure que celle du jeune homme pour conserver encore quelque rancune d'une faute involontaire dont une bouche aussi jolie implorait le pardon.

— Entrons quelque part, Oscar, dit-elle, l'air est froid, vous n'êtes pas encore parfaitement rétabli, et je craindrais qu'il ne vous fût contraire.

Et l'adroite jeune femme entraînait Oscar vers un restaurant situé non loin de la grille du jardin. Là, comme on ne peut causer tranquillement de ses affaires, sans être à chaque instant troublé par les allées et venues des servans, ce qui est fort désagréable, on demanda un cabinet particulier. Quoique habitué à ces sortes de demandes, un garçon introduisit le jeune couple en souriant dans une petite salle assez fraîchement décorée. Ce qu'ils y firent, je ne saurais, en vérité, le dire, mais ce que je sais, c'est qu'après une heure d'une causerie probablement aussi animée qu'agréable, Oscar descendit d'un air tout radieux commander un repas non moins succulent que recherché.

La nuit avait depuis long-tems couvert Paris de ses voiles, lorsque nos deux amans songèrent à se séparer. Oscar n'était plus le même, l se montrait tendre, passionné, et loin d'avoir rompu avec la coquette, comme il le méditait quelques heures auparavant, c'était lui maintenant qui sollicitait avec instance un nouveau rendez-vous.

Sûre de son triomphe, madame de Gerlasse balançait pour accorder la faveur qui lui était demandée; cependant Oscar avait si bien réparé ses torts, qu'elle n'eût pas la barbarie de refuser, et elle promit de revenir au Luxembourg le lundi suivant, le jeune homme était tellement ivre de bonheur qu'il en avait presque perdu la mémoire. Il ne se rappela pas que ce même jour, il devait être sur la route de son pays natal avec le cousin Georges. L'idée ne lui en vint même pas. Il était tout entier au pouvoir de sa belle maîtresse, et tout avait disparu pour lui. On voit que, malgré ses nouvelles infortunes, notre amoureux n'avait pas changé.

—

VIII.

Amours. — Mort d'une mère. — Voyage à Amiens.

QUAND madame de Gerlasse fut de retour chez elle, Julie la prévint que M. son oncle était rentré plusieurs ſois pendant son absence, l'avait demandée et était parti pour l'aller chercher, car il paraissait instruit de l'endroit où il pouvait la rencontrer.

— Julie, quand il reviendra, vous lui direz qu'il passe chez moi.

Elle se retira, s'occupant plutôt des souvenirs agréables de la soirée que de la crainte que pouvait lui inspirer le mécontentement du vieil administrateur. Celui-ci rentra tard, Julie s'acquitta de la commission qui lui avait été donnée, mais on ne parut pas l'entendre et l'oncle ſut se coucher sans entrer dans la chambre de sa nièce

— Oh ! Madame, dit Julie à sa maîtresse en la déshabillant, vous vous êtes compromise, Monsieur sait tout.

— Ne t'inquiète pas, ma chère amie; demain j'arrangerai cela.

Oscar rentré chez lui, repassait dans sa mémoire tous les événemens de la journée, et ce fut alors qu'il pensa à son voyage projeté et au rendez-vous qu'il avait donné. Il s'étonna lui-même de ne pas y avoir songé et s'occupa des moyens de le retarder; car il était définitivement séduit. Il ne rêva qu'à madame de Gerlasse. Il se repentait de l'avoir si brusquement traitée, et ce fut dans ces dispositions qu'il fut le lendemain visiter son cousin.

Georges était à sa casse, l'idée d'être utile à son parent, lui donnait du courage, et il travaillait avec une assiduité dont le brave garçon n'avait pas souvent fait preuve. Le père Lariole, ou plutôt son vin à quinze, avaient momentanément été mis de côté. Oscar, tout à ses pensées d'amour, ne savait comment l'aborder, comment lui dire qu'il désirait reculer son voyage, sous quel prétexte colorer son caprice.

Il était dans un tel embarras que Georges s'en aperçut :

— Tu as l'air embarrassé, lui dit-il, qu'as-tu donc à m'annoncer ?

— Mon ami, je désirerais ne partir qu'à la fin de la semaine prochaine.

— Soit, comme tu voudras, n'est-ce que cela ?

— Absolument.

— Oscar, il y a encore autre chose, je lis sur ta figure que tu me caches quelque particularité.

— Non rien, je te jure.

— Je te crois, Oscar, puisque tu me l'affirmes ainsi. Tu ne voudrais sans doute pas t'exposer à perdre ma confiance.

Oscar se tut, resta quelques minutes avec Georges et le quitta. Il se sentait coupable, et la présence de l'honnête homme le mettait mal à l'aise. Il maudissait déjà son amour qui lui faisait craindre et redouter ce qu'autrefois il désirait le plus au monde. Il eût dû fuir celle qui le mettait ainsi mal avec lui-même, qui lui faisait éviter les gens de bien; mais il était subjugué, et se soumettait à ce que l'empire qu'elle avait sur lui, pouvait avoir de plus avilissant.

La prétendue nièce de M. l'Administrateur savait bien quel moyen employer pour apaiser la colère du vieillard, ils parurent au dejeuner de la meilleure intelligence; l'oncle redoublait de prévenances, de galanterie, de petits soins que la nièce recevait sans trop de répugnance. Le bonhomme était aux anges, il prodiguait les plus doux noms à sa jolie parente, et le déjeuner terminé, il ordonna de mettre les chevaux à la voiture, ils partirent. Il la conduisit chez un jouailler, et lui fit choisir une bague de 1,000 fr. C'était vraiment un excellent homme que M. de la Trufaldière.

Car, il faut bien en convenir, c'était lui; c'était le protégé de madame Chipart; celui qui avait voulu se faire aimer d'Henriette, et n'avait pu y parvenir.

Julie n'avait pas revu son danseur de Belleville, et il était absolument sorti de sa mémoire, attendu que, faute d'un moine, l'abbaye ne chômait pas, lorsqu'un jour elle avisa un homme encore jeune qui marchait avec l'aide d'une canne et avait une jambe de bois, traverser le Pont-Neuf. Les traits de cet homme ne lui paraissent pas inconnus. Elle croit reconnaître son danseur autrefois si ingambe.

Georges jeta ses regards sur elle et la reconnut aussi, il s'avança :

— Eh bien! dit-il, mon enfant, vous ne me remettez pas?

— Pardon, Monsieur. .. mais. . .

— Ah! ma jambe n'est-ce pas... que voulez-vous? c'est le fruit des trois jours, j'ai mal pris ma *justification*, et voilà.

— Ah! mon Dieu! Ces trois jours ont été funestes à bien du monde, ce pauvre capitaine aussi y a été tué.

— Oh! ma foi si ce n'est que cela, il n'y a pas de quoi se plaindre. C'est un grand bonheur..., lui qui forçait les honnêtes gens à se battre pour une catin!

— Ah ! Monsieur, vous traitez bien lestement ma maîtresse ; madame de Saint-Aubin ne mérite certainement pas le titre que vous lui donnez.

— Ah ! elle s'appelle donc maintenant madame de Saint-Albin ?

— Maintenant !

— Certainement, et si je ne me trompe, c'était autrefois madame de Gerlasse.

— Vous saviez . . .

— Est-ce que mon cousin Oscar ne m'a pas tout dit.

— M. Oscar est votre cousin. . . . ? je l'ignorais.

— Oui, il m'a mis au fait des intrigues de votre maîtresse; il avait peut-être encore quelque penchant pour elle, mais j'ai bien su le guérir d'un aussi funeste amour.

— Ah! ah! vous l'avez guéri, vous le croyez, vraiment.

— Il semblerait que vous êtes sûre du contraire.

— Oh! je ne voudrais pas vous démentir, je sais trop mon monde pour me permettre une telle impertinence... Bonjour, mon cher docteur, bel invalide... vous avez bien guéri votre cousin, je vous en fais mon compliment sincère. Ah! ah! ah!

Et la soubrette s'éloigna, laissant Georges étonné de son impudence, et ne sachant pas s'il devait rire ou se fâcher de son accès d'hilarité. Il prit le premier parti; mais il se réserva de voir Oscar et de savoir de lui s'il avait ou non renoué avec la conseillère.

— Oh! oh! dit-il, Oscar voudrait-il me tromper, et ferait-il des siennes avec madame de Gerlasse! Je lui parlerai au cher cousin, et s'il a commis une si lourde faute, nous tâcherons de l'empêcher d'en avoir de nouvelles à se reprocher.

Et mettant de suite son projet à

exécution, il se dirigea vers l'Hôtel-Dieu. Oscar y était.

— Je viens, lui dit-il, de rencontrer Julie, tu sais cette mijaurée, la femme de chambre de madame de Gerlasse, ton ancienne passion ; d'après le court entretien que nous avons eu ensemble, je crois, cousin, que tu n'a pas été franc avec moi.

— Mon cher Georges, il est des choses...

— Il n'en est pas qu'on doive cacher à son ami.

— Eh bien ! oui, j'ai revu ma-

dame de Gerlasse, j'ai renoué avec elle... ; est-ce donc un crime? Ce serait une extrême sévérité que de vouloir s'opposer à une liaison qui d'ailleurs me plaît, et que je ne suis pas disposé à rompre sur les seuls avis qu'une indiscrète amitié pourrait me vouloir donner.

— Une indiscrète amitié, Oscar ? et si c'était la mienne qui voulût hasarder quelques conseils qu'elle croit salutaires, lui donnerais-tu le même titre ?

— Le même.

—En ce cas, cousin, n'en parlons plus : reste à ta madame de Gerlasse puisque rien ne peut t'en détacher ; il ne sera pas dit que pour une. .. suffit, je m'entends, deux amis se seront brouillés.

— Ce n'est pas mon intention.

— Ni la mienne, j'en fais le serment.

— Ton indulgence m'est infiniment précieuse, cher ami, et elle obtiendra plus de moi que des reproches que, je te l'avoue, je me suis moi-même adressés.

— Je connais ça, Oscar, c'est une fougue, une effervessence de jeunesse, ça se passera, mon ami, ça se passera, et avant peu. Dis-moi, Oscar, ajournons-nous jusqu'à ce moment, nos projets de voyage ?

Oscar regarda Georges, il voulait voir si c'était bien sérieusement qu'il lui parlait ainsi, mais il n'aperçut rien sur les traits de son ami, qui pût lui faire croire qu'il voulait plaisanter. Il rougit et répondit en balbutiant :

— Je t'ai demandé la semaine, Georges, dès lundi, je serai tout à toi.

— J'y compte, Oscar.

Et il laissa son cousin stupéfait de tant de générosité.

Ce jour même; Oscar fut appelé chez le docteur qui l'avait pris en si vive amitié.

— Mon jeune ami, lui dit-il, vous voilà maintenant guéri, il est tems de s'occuper de votre avenir, que prétendez-vous faire ?

— Mais, Monsieur, reprendre mon état.

— La nécessité plus que vos goûts, vous a sans doute, mon ami, fait embrasser une profession, honorable sans doute, mais peu en rapport avec l'éducation que vous avez reçue, et les idées que vous aviez pu concevoir sur votre avenir.

— Vous me rendez justice, Monsieur, mais je ne vois pas en quoi la nécessité qui m'a forcé à embrasser un état, aurait changé aujourd'hui.

— Une nouvelle carrière est ouverte pour vous, mon cher Oscar, et c'est d'autant plus honorable que votre courage seul vous en a frayé le chemin.

— Quelle carrière, Monsieur? vous m'étonnez.

— La Reine elle-même s'est déclarée votre protectrice, mon ami; si vous voulez suivre la carrière militaire, une place de sous-lieutenant vous est offerte. Si, par goût, vous préférez la vie paisible des bureaux, choisissez l'administration qui vous conviendra, et vous ne tarderez pas à être pourvu d'un emploi.

— Oh! Monsieur, mon cher protecteur, tant de bonté, de bienveillance, m'ôtent la faculté de vous exprimer ce que j'éprouve. J'en demeure confus, et je m'en avoue indigne.

— Votre modestie ajoute à votre mérite, Oscar, mais ne doit pas empêcher ceux qui sont à même de le juger, de s'en apercevoir. En vous protégeant, d'ailleurs, la Reine ne fait qu'acquitter la dette que la patrie a contractée envers vous.

— Oh ! Monsieur, c'est aussi à vos bontés que je dois...

— Rien, mon jeune ami, j'ai fait ce qui m'a été prescrit. La Reine m'a aussi fait remettre 25 louis que je suis chargé de vous donner pour vos premiers besoins. Maintenant, il m'en coûte de mêler des chagrins à votre joie ; mais, je dois, Oscar, vous détourner du voyage que vous êtes sur le point d'entreprendre.

— Et par quel motif ?

— Tenez, lisez.

Et il lui remit la lettre qu'il avait autrefois reçue du prêtre d'Amiens.

Ocar changea plusieurs fois de couleur en en parcourant le contenu ; lorsqu'il en eût fini la leçture, il la remit au docteur. Celui-ci lui fit alors le récit des démarches qu'il avait faites, et du peu de résultat qu'il en avait obtenu.

Au lieu de détourner Oscar du projet qu'il avait conçu, le récit du docteur ne fit que l'affermir dans ses intentions. Il espérait faire revenir sa mère de ses injustes préventions, surtout lorsqu'il lui apprendrait qu'il était devenu par sa conduite l'objet des bontés de la Reine. Pourrait-elle alors lui refuser son admiration, sa tendresse, il ne le croyait pas, et comme jamais on ne plaide aussi bien sa cause que personnellement, il voulut tenter le voyage, dût-il échouer dans ses espérances.

Convaincu que toute représentation serait inutile pour le retenir, le docteur les lui épargna, mais il fut convenu qu'Oscar, avant son départ, lui ferait connaître ses intentions, relativement aux offres qu'il lui avait faites; son protecteur désirait répondre immédiatement s'il était possible, à la lettre de la Reine.

Oscar, ivre de joie, s'empressa de venir annoncer sa nouvelle fortune à ses amis. Georges ne se montra pas aussi enthousiasmé que son cousin des royales bontés dont il était l'objet.

— Je suis content, Oscar, puisque cela t'arrange, mais pour toi, et pour moi surtout, j'aurais préféré que tu restasses compositeur.

— Tu m'engages donc à refuser?

— Je le ferais si j'étais à ta place.

— Eh bien! moi, mon ami, je n'en ferai rien; je ne fais certaine- pas fi du composteur qui m'a fait vivre, mais j'accepte la protection dont veut bien m'honorer ma souveraine et je serai lieutenant.

— Accepte, Oscar, puisque la fortune te sourit, mais souviens-toi que les amis sont toujours là, et qu'ils te verront avec plaisir reprendre ta place au milieu d'eux, si jamais le sort te devient contraire. Et le brave garçon en disant ces mots interrogeait du regard toutes les physionomies ouvertes et franches de ses bons camarades. Pas un ne démentit ce qu'il avait avancé.

Oscar brûlait déjà du désir de porter l'épaulette; il alla donc trouver le docteur qui écrivit de suite pour faire connaître la détermination de son protégé. Il aurait désiré recevoir sa commission avant de partir pour Amiens, afin que sa mère le vit en uniforme. Il ne pouvait croire qu'elle lui tiendrait rigueur alors, et refuserait de lui accorder au moins l'oubli de ce qu'elle appelait ses torts en faveur de la protection qu'ils lui avaient acquise.

Mais l'homme propose, et le destin, ce Dieu qui se joue à son gré de nos volontés, ne lui permet pas toujours de réaliser ses projets; il en fut encore ainsi cette fois.

Une lettre d'Amiens parvint à Oscar, elle était d'une écriture inconnue; il l'ouvrit en tremblant, car il pressentait quelque malheur.

Elle était écrite par le maire de la ville. Il le prévenait de la mort de madame de Masseville sa mère, décédée presque subitement, et l'engageait à venir de suite à Amiens, où ses intérêts réclamaient sa présence.

Toute injuste qu'elle avait été envers lui, Oscar aimait sa mère. Il la regretta vivement et fut de suite communiquer cette fâcheuse nouvelle à son cousin. Celui-ci, sincèrement attaché à Oscar, partagea sa douleur, chercha à le consoler et le décida à se mettre en route dès le lendemain. Le bon Georges, en donnant ce conseil, n'avait qu'une chose en vue, c'était d'empêcher

Oscar de revoir madame de Gerlasse, mais telle n'était pas l'intention du jeune homme, et le hasard le servit au-delà de ses souhaits.

Le hasard, dis-je, amena Julie sur ses pas, au moment où il venait de quitter son cousin; la voir, lui dire qu'il était forcé de partir immédiatement pour sa ville natale, où il était appelé par la mort de sa mère, la supplier d'en faire part à sa maîtresse, et de lui demander un rendez-vous pour le soir même, tout cela ne fut que l'affaire d'un instant. Julie promit tout ce qu'il voulut.

En attendant le retour de la soubrette, Oscar se promène de long en large dans le Luxembourg, et frappe souvent du pied avec impatience. Il regarde de tous côtés pour apercevoir Julie, enfin il la voit, vole vers elle, et lui demande si elle a réussi. Un sourire malin lui apprend qu'elle a obtenu une réponse favorable. Dans une heure, madame de Saint-Aubin se rendra à l'endroit où elle entretient en ce moment l'heureux Oscar. Une des pièces d'or que le jeune homme tient d'une libéralité royale, devient la récompense de l'étonnée Julie, que notre amant n'a pas accoutumée, et pour cause, à de semblables largesses.

Ivre de bonheur, il attend ; l'heure coule lentement au gré de son impatience, enfin celle indiquée pour le rendez-vous vient de sonner et madame de Gerlasse ne paraît pas, il attend encore en faisant la part des mille et une circonstances qui ont pu retarder la jeune femme, mais la nuit arrive, Paris s'éclaire déjà de la pâle lueur de ses réverbères, et personne ne s'est présenté à lui.

Oh ! alors, ses idées sont bouleversées ; Julie, la perfide Julie l'a-t-elle trompée, madame de Gerlasse elle-même a-t-elle voulu se jouer de lui? il ne sait que penser et sa tête est en feu; il maudit les femmes, leurs caprices, et tout cela n'amène pas ce qu'il attend; elle ne paraît pas.

L'heure arriva cependant de quitter le jardin où Oscar stationne depuis si long-tems dans l'expectative; tout entier à ses tristes réflexions, il s'aperçoit à peine que tous les promeneurs sont déjà retirés, et que le gardien le prie très-poliment de suivre leur exemple; machinalement, il se dirige vers la porte et sans plus faire attention aux injonctions du garde qui se fâche enfin, il sort sans trop savoir où il dirigera ses pas.

Après avoir erré quelque tems au hasard dans les rues, il se trouva devant l'hôtel occupé par madame de Gerlasse, car toutes ses idées l'y ramenaient sans cesse. Il demanda au concierge si madame de Saint-Aubin serait encore visible; ce dernier, avec toute l'importance de ses confrères, lui répondit que la dame qu'il demandait était sortie il y avait près de deux heures, et qu'on ignorait pour quel endroit, et si leur absence serait longue.

Cette réponse suffit pour faire connaître à Oscar la cause de l'absence au rendez-vous de sa belle maîtresse, mais devait-elle l'accorder, certaine de ne pas s'y trouver? Il ne pouvait croire que ce voyage eût été si promptement projeté et exécuté qu'elle l'eût ignoré quelques heures auparavant, et il l'accusait de perfidie; enfin, après avoir maudit cent fois le sexe et sa mauvaise étoile, notre amant rentra chez lui, où il essaya, mais en vain, de prendre quelque repos, il avait l'âme trop agitée.

Dès que le jour parut, il fit demander Georges.

Le brave garçon arriva aussi vite que le lui permettait sa jambe de nouvelle fabrique.

— Cousin, dit Oscar, nous partons.

— Quand ?

— Tout de suite.

— Bien vrai !

— Oui.

— En ce cas, je *cours* chez moi préparer mes affaires; puis de là, à l'imprimerie emballer le *saint-jean*, recevoir les *gros sous*, et je reviens..

— Cousin, les femmes sont des êtres bien étranges ?

— Pour ce qui est de ça, c'est vrai, répliqua Georges.

— Bien perfides.

— Ce n'est pas d'aujourd'hui.

— Il faut les fuir Georges.

— Oui, cousin, fuyons-les.

— Partons.

— Partons.......

Deux heures après cet entretien, nos deux amis roulaient sur la route d'Amiens.

FIN DU TROISIÈME VOLUME.

ON TROUVE

CHEZ LES MÊMES LIBRAIRES :

OEUVRES DE A. DE BAST.

LA TÊTE NOIRE, 4 vol.

LA PETITE NIÈCE DE NINON, 4

LA COURTISANE DE PARIS, 4

L'ENFANT DE CHOEUR, 4

LES DEUX VÉTÉRANS, 4

LE PERRUQUIER DU GRAND DUC, 4

LA CONSPIRATION DES MARMOUZETS, 4

LE CLOCHER DE SAINT-JACQUES-LA-BOUCHERIE, 4

SOUS PRESSE.

Du même Auteur.

M. PÉLICAN, ou le Célibataire et l'Homme marié, 4

LE MAMELUK DE LA GRENOUILLERE, 4

LES CARROSSES DU ROI, 4

LES CHEVALIERS DE L'ARQUEBUSE, 4

L'AS DE TRÈFLE, 4

LE TESTAMENT DE POLICHINELLE, 4

Imprimerie de A. HENRY, rue Gît-le-Cœur, nº 8.

www.ingramcontent.com/pod-product-compliance
Lightning Source LLC
LaVergne TN
LVHW010600110826
845149LV00003B/716
* 9 7 8 2 0 1 2 1 5 3 8 8 2 *